E POR FALAR EM COR, UM POUCO DE TEORIA

inter saberes

Rua Clara Vendramin, 58 . Mossunguê . CEP 81200-170 . Curitiba . PR . Brasil
Fone: (41) 2106-4170 . www.intersaberes.com . editora@intersaberes.com

Conselho editorial
Dr. Alexandre Coutinho Pagliarini
Dr³ Elena Godoy
Dr. Neri dos Santos
Dr. Ulf Gregor Baranow

Editora-chefe
Lindsay Azambuja

Gerente editorial
Ariadne Nunes Wenger

Assistente editorial
Daniela Viroli Pereira Pinto

Preparação de originais
Gilberto Girardello Filho

Edição de texto
Caroline Rabelo Gomes
Palavra do Editor

Capa
Charles L. da Silva (design)
Vik Y/Shutterstock (imagem)

Projeto gráfico
Bruno Palma e Silva

Diagramação
Estúdio Nótua

Designer responsável
Charles L. da Silva

Iconografia
Regina Claudia Cruz Prestes
Sandra Lopis da Silveira

Dados Internacionais de Catalogação na Publicação (CIP)
(Câmara Brasileira do Livro, SP, Brasil)

Marchi, Sandra Regina
   E por falar em cor, um pouco de teoria/Sandra Regina Marchi. Curitiba: InterSaberes, 2022.

   Bibliografia.
   ISBN 978-65-5517-128-0

   1. Cor – Aspectos sociais – História 2. Cores – Análise 3. Cores – História 4. Cores – Teoria I. Título.

22-113589   CDD-701.85

Índices para catálogo sistemático:
1. Cor: Teoria 701.85

Eliete Marques da Silva – Bibliotecária – CRB-8/9380

1ª edição, 2022.
Foi feito o depósito legal.
Informamos que é de inteira responsabilidade da autora a emissão de conceitos.
Nenhuma parte desta publicação poderá ser reproduzida por qualquer meio ou forma sem a prévia autorização da Editora InterSaberes.
A violação dos direitos autorais é crime estabelecido na Lei n. 9.610/1998 e punido pelo art. 184 do Código Penal.

SUMÁRIO

Apresentação 12
Como aproveitar ao máximo este livro 18

1   **A cor, teorias e história** 24
    1.1   Um breve histórico 25
    1.2   Da Vinci, Newton e Goethe 30
2   **Cor e o fenômeno visual** 38
    2.1   A interação com a cor 39
    2.2   A percepção da cor e os processos de visão 43
    2.3   Os responsáveis pela visão das cores 48
    2.4   Formação de cores em nível atômico 52
    2.5   Propriedades físicas da cor 52
    2.6   Relação da cor com a luz 53
    2.7   Relação entre comprimento de onda e espécie de cor 55
    2.8   Fenômeno da absorção e refração das cores 57
    2.9   Percepção da cor 59
    2.10 A importância da cor em nossa vida 60
    2.11 Curiosidades sobre a cor 62

3 **Classificação das cores** 68
   3.1 Cores primárias e secundárias 69
   3.2 Como fazer o círculo cromático 71
   3.3 Contraste e harmonia de cores 81
   3.4 Características da cor 82
   3.5 Harmonias cromáticas 84

4 **Sistemas cromáticos** 100
   4.1 Síntese aditiva 101
   4.2 Síntese subtrativa 103
   4.3 Síntese partitiva 104
   4.4 Quadricromia 105
   4.5 As cores nas telas de computador 105
   4.6 Cores-pigmento 113
   4.7 Temperatura de cores 114

5 **Aplicação da cor** 122
   5.1 Processos de impressão 123
   5.2 Aplicação da cor em produtos 128
   5.3 Para o produto, o nome da cor importa 134
   5.4 Aplicação da cor na tela digital 135
   5.5 Mistura de cores aditivas 136
   5.6 Aplicação da cor na impressão: uma introdução a RGB e CMYK 138
   5.7 Cores primárias aditivas – RGB 139
   5.8 Cores primárias subtrativas – CMY e K 140
   5.9 Espaço colorido 140

6 **A cor como informação** 146
   6.1 Um elemento de peso na comunicação 147
   6.2 Componentes de uma mensagem 151

7 **Simbolismo da cor** 158
 7.1 Significado simbólico das cores: códigos de cores 159
 7.2 Associações de cores 164
 7.3 A cor como código ou como símbolo 166
 7.4 Aspectos da codificação de cores 167
 7.5 A psicologia da cor 169

8 **A cor no *design*** 178
 8.1 A cor como marca 179
 8.2 Interação entre cores 185
 8.3 Legibilidade da cor e combinações de cores 192
 8.4 Combinações de cores de sucesso 195
 8.5 Combinações de cores desfavoráveis 198
 8.6 Relações entre cor e forma 199

9 **Aplicação da cor no *design* visual** 208
 9.1 Técnicas de cores 209
 9.2 Aspectos fisiológicos da cor 220
 9.3 Harmonia de cores 226
 9.4 Acessibilidade, inclusão e cor 228

10 **Cor e princípios de *design*** 242
 10.1 Significados associativos das cores 243
 10.2 Dualidade de significados das cores 250
 10.3 Associações com tonalidades de cor 253
 10.4 Ambiente da cor 254
 10.5 Experiências individuais 255
 10.6 Sinestesia 256
 10.7 Associação com a nomenclatura 257
 10.8 O que deve ser evitado na hora de escolher as cores? 257
 10.9 Como criar comunicações visuais mais atraentes? 258

10.10 A cor em *videogames* 259
10.11 A cor em filmes 276

Estudo de caso: um olhar diferente 312
Considerações finais 316
Lista de siglas 318
Referências 320
Respostas 340
Sobre a autora 344

Com todo o meu amor,
dedico este trabalho aos meus
filhos Victor e Dora.

Ao meu grande companheiro, meu amor e melhor amigo Carlos Alberto de Oliveira, que muito me apoiou e contribuiu para que esta obra se realizasse. À minha filha Dora, que, com apenas 11 anos, participou com suas habilidades artísticas. À espiritualidade amiga, mentores que, no anonimato, estiveram comigo durante esse percurso.

APRESENTAÇÃO

A cor é um elemento fundamental em nosso cotidiano! Olhe à sua volta: neste momento, a cor está em seu corpo, em suas roupas e nos acessórios, no ambiente, nos objetos, em fotos, em materiais escolares e de escritório, nas obras de arte, na tela do computador, em seu *smartphone*, em documentos impressos, em filmes etc. Afinal, neste planeta, não existe nada sem cor. No entanto, são poucas as pessoas que entendem, realmente, o que é a cor e quais são sua mecânica e sua abrangência – a cor ainda é algo incompreensível. Até mesmo pessoas que trabalham diretamente com as cores e os efeitos produzidos por elas têm sérias dificuldades para entendê-las.

Na educação, desde cedo, o principal papel do ensino da teoria da cor nas escolas deve ser preparar o aluno para compreender e manipular o colorido, principalmente porque vivemos em um mundo dominado e influenciado pela cor. Contudo, observamos que há sérias deficiências de conhecimento em relação a esse assunto, mesmo em cursos de ensino superior em que tal conteúdo é necessário, como aqueles das áreas de arquitetura, *design*, computação gráfica e processamento de imagem digital, ou seja, em que a criação, a estética e a harmonia fazem parte do trabalho diário.

Para explicar essa deficiência, várias razões podem ser levadas em consideração. Uma delas pode ser o fato de a cor estar diretamente vinculada à arte. Assim, no imaginário das pessoas, a importância da cor é relegada apenas ao campo dos artistas. Outro motivo pode estar no fato de o universo da cor ser muito complexo. Muitas vezes, nós, seres humanos, evitamos nos aprofundar em áreas que beiram o desconhecido, deixando-as apenas aos poucos estudiosos que se debruçam sobre tais temáticas. Desse modo, não são muito numerosos os educadores habilitados que conhecem profundamente o tema para ensiná-lo de modo lógico e descomplicado a seus discentes. Consequentemente, como um fato puxa outro, a cor continua sendo um recurso esplêndido e, muitas vezes, utilizado fortuitamente.

Nessa ótica, faz-se necessário preparar educadores conhecedores do assunto e de sua importância, que motivem os alunos a entender o relevante papel que as cores desempenham em nossa vida. Logo, em virtude da magnitude desse tema, sugerimos que o ensino da teoria da cor seja, também, experimental e combinado com diversas outras disciplinas, facilitando e ampliando a exploração das cores por meio dos potenciais inerentes aos estudantes, o que contribuirá para tornar as bases desse conhecimento sólidas e populares.

E é na tentativa de trazer elucidações sobre esse tema basilar que se apoia esta obra. Esperamos que tal objetivo seja alcançado e que, após o estudo deste livro, o leitor possa aproveitar as cores com mais entendimento e consciência.

Tendo isso em vista, nossa intenção é descrever aqui as técnicas utilizadas para o uso das cores e suas consequências. Para tanto, fundamentamo-nos na bibliografia existente e nas experiências vividas por estudiosos que nos antecederam. Dessa forma, com a soma desses saberes, expomos de maneira clara e objetiva a síntese desse assunto, examinado ao longo de dez capítulos.

No Capítulo 1, apresentamos um parecer sobre a importância da cor em nossa vida, bem como um breve histórico das cores e das teorias de Da Vinci, Newton e Goethe.

No Capítulo 2, abordamos a percepção da cor e dos processos visuais responsáveis pela visão das cores, a exemplo da luz, causa primordial das impressões cromáticas percebidas pelos olhos e decodificadas pelo cérebro. Ainda, discutimos temáticas como: a decomposição da luz em comprimentos de onda eletromagnética formadora do espectro visível; a distinção entre cor-pigmento e cor-luz; as propriedades físicas da cor; a relação entre os comprimentos de onda e as espécies de cor; o fenômeno da absorção e refração das cores mediante a separação dos comprimentos de ondas de luz; a percepção da cor como um fenômeno bastante complexo; a aplicação da cor na cromoterapia, além de algumas curiosidades referentes às cores.

No Capítulo 3, versamos sobre a classificação das cores e explicamos em que consiste o círculo cromático. Discorremos, também, a respeito dos contrastes, das harmonias cromáticas e das características das cores (matiz, saturação, valor tonal).

No Capítulo 4, enfocamos os sistemas cromáticos, as cores nos computadores e os processos de cores utilizados na informática, como os sistemas RGB e CMYK. Expomos, ainda, a classificação de cores em quentes, frias e neutras.

Já no Capítulo 5, tratamos da aplicação das cores nos processos de impressão, tais como *offset* e digital.

No Capítulo 6, abordamos a cor como uma importante ferramenta de comunicação para as áreas que utilizam recursos visuais, assim como para a apresentação de informações sintéticas e atrativas, pois a cor constitui um elemento de peso na comunicação.

No Capítulo 7, examinamos os significados simbólicos e as associações das cores, bem como a cor como um código, a psicologia da cor e o que elas representam.

No Capítulo 8, explicamos a cor no *design* e nas marcas e a utilização por empresas, além da interação entre as cores. Ainda, discutimos a respeito da legibilidade e das combinações de cores bem-sucedidas ou desfavoráveis, além das relações entre cor e forma, dos estudos da Escola Bauhaus e das últimas pesquisas sobre o tema.

No Capítulo 9, detalhamos o simbolismo das cores no subconsciente humano e nas diferentes culturas, bem como o uso das cores nas composições, suas finalidades e as técnicas que podem ser utilizadas. Tratamos, igualmente, dos aspectos fisiológicos da cor de forma mais aprofundada. Comentamos sobre as regras do contraste, a teoria tricromática e a teoria de harmonias de cores.

No Capítulo 10, versamos sobre a cor e os princípios de *design*, os esquemas de formação e associação das cores, o impacto da cor no *marketing*, os significados associativos de cores e as dualidades de significados. O ambiente do espaço da cor, o ambiente visual, as experiências individuais e as associações com a nomenclatura também são estudados. Além disso, apresentamos os cuidados no momento da composição com as cores, a elaboração de comunicações visuais mais atraentes e a aplicação da cor em produtos, na tela digital, na impressão e em ambientes. Abordamos, ainda, a cor em *videogames* e no cinema. Finalizando o capítulo, enfocamos a aplicação da cor em produtos e a criação de uma boa paleta de cores.

As cores no mundo são como o sal na comida: carregam o brilho e a alegria e promovem a elevação da alma, o que nos leva a experimentar reações emocionais diversas sem que sequer percebamos isso.

COMO APROVEITAR AO MÁXIMO ESTE LIVRO

Empregamos nesta obra recursos que visam enriquecer seu aprendizado, facilitar a compreensão dos conteúdos e tornar a leitura mais dinâmica. Conheça, a seguir, cada uma dessas ferramentas e saiba como estão distribuídas no decorrer deste livro para bem aproveitá-las.

CONTEÚDOS DO CAPÍTULO:
Logo na abertura do capítulo, relacionamos os conteúdos que nele serão abordados.

APÓS O ESTUDO DESTE CAPÍTULO, VOCÊ SERÁ CAPAZ DE:
Antes de iniciarmos nossa abordagem, listamos as habilidades trabalhadas no capítulo e os conhecimentos que você assimilará no decorrer do texto.

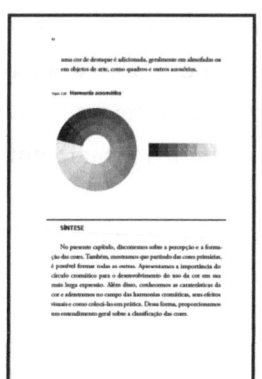

SÍNTESE

Ao final de cada capítulo, relacionamos as principais informações nele abordadas a fim de que você avalie as conclusões a que chegou, confirmando-as ou redefinindo-as.

QUESTÕES PARA REVISÃO

Ao realizar estas atividades, você poderá rever os principais conceitos analisados. Ao final do livro, disponibilizamos as respostas às questões para a verificação de sua aprendizagem.

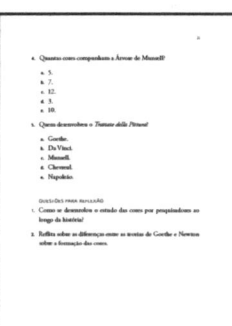

QUESTÕES PARA REFLEXÃO

Ao propor estas questões, pretendemos estimular sua reflexão crítica sobre temas que ampliam a discussão dos conteúdos tratados no capítulo, contemplando ideias e experiências que podem ser compartilhadas com seus pares.

ESTUDO DE CASO

Nesta seção, relatamos situações reais ou fictícias que articulam a perspectiva teórica e o contexto prático da área de conhecimento ou do campo profissional em foco com o propósito de levá-lo a analisar tais problemáticas e a buscar soluções.

CAPÍTULO 1

A COR, TEORIAS E HISTÓRIA

CONTEÚDOS DO CAPÍTULO:
- O que é cor.
- Significados da cor.
- Histórico da cor.
- Os grandes estudiosos da cor.

APÓS O ESTUDO DESTE CAPÍTULO, VOCÊ SERÁ CAPAZ DE:
1. entender o que é a cor e como esse elemento atua;
2. identificar as descobertas e os avanços científicos referentes à cor;
3. aplicar conceitos diversos relativos ao estudo da cor.

No mundo em que vivemos, tudo é cor. Para onde se leva o olhar, a cor está presente. Sem dúvida, a cor é um dos elementos mais importantes da vida humana, alcançando um universo que vai além do que se estima, pois ela comunica, sinaliza, simboliza, alerta, alegra, traz sensações, sentimentos e, até mesmo, cura. Em outros termos, é inimaginável a vida sem cor.

1.1 Um breve histórico

Mas, afinal, quando começou a relação entre o homem e a cor? Acredita-se que a primeira cor a impressionar o homem tenha sido a cor do sangue, o vermelho, mantenedor da vida; o homem podia observar o sangue esvaindo-se do animal golpeado e morto ou depois de ter se ferido, chegando até a morrer sangrando.

Desde os nossos mais remotos antepassados, a cor estava nas pinturas rupestres, na representação de animais esboçados na cor negra de carvão da fogueira ou inteiramente pintados com cores de terra sobrecarregadas, sendo as mais antigas representações coloridas fartas de vermelho. Para tanto, eram utilizados elementos naturais, como sangue de animais, terra e argila, para obter pigmentos e tons avermelhados, que eram os mais usados nas cavernas. Assim começou a relação humana com as cores.

Embora os artistas sempre tenham desenvolvido, testado e praticado conceitos de harmonia de cores desde o início da civilização, foi no século XIX que se iniciaram os estudos sobre o assunto de forma sistemática e científica.

Os artistas da época, que até então confiavam apenas em suas próprias observações e experiências, ficaram intrigados com os novos conceitos que surgiram e foram normalizados, e muitos deles foram rápidos em adotá-los e adaptá-los ao seu próprio uso. Os pintores impressionistas e os pós-impressionistas, por exemplo, foram fortemente influenciados pelo desenvolvimento dessas novas teorias sobre a cor, embora seja importante salientar que vários se rebelaram contra todas as teorias científicas da cor, aderindo somente às próprias abordagens individuais.

O fato de que as cores são importantes em nossa vida também é confirmado por um grande número de cientistas, físicos, médicos, pintores, poetas e filósofos que se debruçaram em pesquisas sobre as cores e seus segredos. A origem da teoria complexa que trata das cores remonta aos tempos antigos.

Atualmente, mesmo após séculos de experimentação, teorização e estudos, ainda não surgiu um único conceito de cor que atenda a todas as necessidades. No entanto, uma gramática básica da cor é tão indispensável para o artista ou o *designer* quanto é o alfabeto para um escritor. Por essa razão, começamos esta exploração promovendo uma breve revisão dos fundamentos da cor.

Os cânones chineses, egípcios e gregos e as visões científicas levantaram a seguinte questão: O que é cor? Como a cor pode ou deve ser usada e interpretada? Na Idade Média, os ramos da ciência foram separados, e então a óptica teve a chance de se tornar parcialmente independente. Mas foi somente no período da Renascença que a cor surgiu como um tópico autônomo. As questões da ciência e da arte relacionadas às cores logo se fundiram, mas foi necessária a atuação de um pesquisador para examinar a origem das cores com uma metodologia científica, pois o artista estava mais curioso sobre o contexto prático do uso da cor (Perge, 2015).

Personalidades de diferentes campos científicos pesquisaram sobre as cores, tais como Pitágoras, Platão, Aristóteles, Grosseteste, Alberti, Leonardo da Vinci, Forsius, Kirschner, Newton, Mayer, Lambert, Goethe, Schopenhauer, Hegel, Runge, Young, Chevreul, Grassmann, Maxwell, Delacroix, Helmholtz, Bezold, Seurat, Ostwald, Rood, Hofler, Munsell, Itten e Nemcsics (Perge, 2015).

Leonardo da Vinci resumiu sua pesquisa relacionada a esse campo no *Trattato della Pittura*. Newton começou a pesquisar as cores durante seu estudo sobre óptica e óptica de luz. No disco de Newton, as cores se apresentam pela ordem do espectro, sendo o branco a mistura de todas as cores. O cientista resumiu os resultados de sua pesquisa em *Principia* (1685) e *Óptica* (1704). Johann Heinrich Lambert (1728-1777), físico, filósofo e matemático nascido na França, em 1772, tentou realizar uma organização em pirâmide, com quatro triângulos em etapas sucessivas de altura. Assim, localizou todas as variantes de cor, identificando como fundamentais a goma-guta (amarelo) e o azul da Prússia (azul) (Huff, 1995).

Com relação a Johann Wolfgang von Goethe (1749-1832), tido como o príncipe dos poetas, uma das características menos conhecidas de sua vida foi sua pesquisa sobre as cores e suas conclusões abrangentes, as quais ele formulou com base em sua prática com arte, química, fisiologia e psicologia. Apesar de Goethe ser celebrado em todo o mundo por seus escritos, não foi sua obra literária que ele próprio considerou seu maior legado. Tanto é assim que, ao final de sua vida, ele chegou a dizer:

Eu não penso muito no que criei como poeta. Muitos grandes poetas viveram na minha época, antes ainda maiores que eu e muitos mais existirão depois de mim. Mas o fato de eu ser o único a saber a verdade no complexo campo da teoria da cor neste século é algo de que eu tenho orgulho e que até me faz sentir que estou acima dos outros. (Goethe, citado por Eckermann, 1999, p. 328, tradução nossa)

Michel Eugène Chevreul (1786-1889), físico e químico francês, em 1839, tentou dispor radicalmente em um círculo 72 variantes de cor, com 20 gradações de branco e preto. Alcançou a classificação de 1.440 cores. Já Ewald Hering (1834-1918), em 1878, introduziu o triângulo equilátero, subdividido em quadrados. Nos vértices, colocou a cor pura, a branca e a preta, respectivamente. Por sua vez, a principal obra de Wilhelm Ostwald (1853-1932), o químico, é *Die Farbenlehre*, na qual o autor discorreu sobre cinco assuntos: teoria da cor da matemática, física, química, fisiologia e psicologia.

Hermann Von Helmholtz (1821-1894), médico e matemático, elaborou a teoria da mistura aditiva e subtrativa de cores (Huff, 1995). Albert Henry Munsell (1858-1918), pintor americano, criou seu sistema em 1912, amplamente exposto no *Atlas do Sistema de Cores Munsell (Atlas of the Munsell Color System)*, de 1914, adotado oficialmente pela Associação Norte-Americana de Normas em 1942. Depois da morte de Munsell, foram determinados os comprimentos de onda, brilho e saturação das amostras do *Munsell Book of Color*.

A classificação de Munsell se divide em espécie de cor (denominada *matiz*), determinada pelo comprimento de onda, pelo valor da cor definida pelo brilho e pela saturação da cor (chamada *croma*), identificada pela pureza. O sistema de cores Munsell apresenta uma árvore de dez cores principais: vermelho, amarelo, verde, azul e púrpura (cores principais), vermelho-amarelo, amarelo-verde, azul e púrpura, azul-purpura e púrpura-vermelho (intermediárias). Ou seja, a escala de valores é dividida em dez partes, indo do preto intenso ao branco puro (Huff, 1995).

Os últimos estudos importantes em teoria da cor surgiram no século XX, nos campos da física, da fisiologia e da psicologia. Seria uma longa lista se citássemos aqui todos as áreas de pesquisa e prática sobre a cor. Como exemplo, podemos mencionar os resultados dos testes relacionados ao sistema de cores e às coleções de cores utilizadas atualmente, resumidos por Fred W. Billmeyer e relatados pela bibliografia da Associação Internacional da Cor – AIC (Associatione Internationale de la Couleur), que conta com centenas de publicações. A AIC é uma sociedade internacional de acadêmicos que tem por objetivo promover investigações com bases internacionais em todos os campos da cor para disseminar conhecimentos, pesquisas e suas aplicações, a fim de responder aos vários problemas delimitados na ciência, na arte, no *design* e na indústria. Na AIC, há vários grupos especializados para o estudos de cores, como o Study Group on Colour Education (SGCE), o qual se constitui em uma rede internacional de cientistas e professores especialistas na área da cor que desenvolvem estudos em teoria da cor, *design* de cores, psicologia das cores etc., além de outros profissionais, como *designers* e arquitetos, com interesse específico na educação da cor (AIC, 2022).

1.2 Da Vinci, Newton e Goethe

Entre todas as pesquisas surgidas até então, há de se destacar as descobertas de Leonardo da Vinci, Isaac Newton e Goethe. Leonardo da Vinci (1452-1519) foi uma figura crítica do final do Renascimento. Considerado um dos maiores artistas que já existiram, fez contribuições notáveis às áreas de engenharia, arquitetura, ciências, planejamento urbano, cartografia, filosofia e anatomia. Embora parte desse trabalho tenha sido feito em segredo, ele também foi um artista, arquiteto e engenheiro proeminente.

Reconhecido por ter feito uma contribuição única no período, Da Vinci influenciou decisivamente as tendências artísticas de seu próprio tempo e no final do Renascimento. Seu interesse pela ciência e pela experiência inspirou muitos humanistas a estudar o mundo e a natureza. Ainda que também tenha sido um grande inventor, suas invenções tiveram pouco impacto em sua própria época.

Grandes artistas, como Sandro Botticelli (1445-1510) e Andrea del Verrocchio (1435-1488), colaboraram fortemente para o avanço da pintura no início da Renascença. No entanto, Leonardo da Vinci revolucionou a pintura, e seu trabalho estimulou muitos pintores a adotar uma abordagem mais naturalista. O conteúdo do *Trattato della Pittura* é, sobretudo, dirigido aos pintores, abrangendo elementos básicos da óptica, da física, da química e da fisiologia.

Leonardo da Vinci era um mestre em técnicas de pintura, tendo aperfeiçoado o claro-escuro, ou seja, o método que trabalha com luz e sombra. Com base em seus estudos científicos, desenvolveu novas formas de representar a perspectiva, o que deu à sua pintura mais profundidade e fez com que esta parecesse mais realista.

Possivelmente, sua contribuição mais significativa para a pintura tenha sido o desenvolvimento da técnica do *sfumato*, como uma nova maneira de mesclar esmaltes. Essa técnica tornava as figuras de uma pintura como sujeitos vivos (Randall, 1953; Hall, M. B., 1992; Kemp, 2007).

Isaac Newton (1642-1727) é mais conhecido por ter inventado o cálculo em meados da década de 1660 (mais de uma década antes de Leibniz fazê-lo de forma independente) e por ter formulado a lei da gravitação universal, exposta em *Principia*, a obra isolada mais importante na transformação da filosofia natural do início da Era Moderna. Contudo, ele também fez grandes descobertas em óptica, começando seus estudos em meados da década de 1660 e estendendo-os por quatro décadas. Durante o curso de seus 60 anos de intensa atividade intelectual, dedicou seus últimos esforços à pesquisa química e alquímica, à teologia e aos estudos bíblicos, mais do que à matemática e à física. Atualmente, os trabalhos de Newton são considerados um marco no desenvolvimento da ciência da cor (Moreira, 2014).

Logo após a publicação de *Principia* (1687), Newton se tornou uma personalidade influente na Grã-Bretanha. Consequentemente, o newtonianismo se enraizou firmemente na primeira década do século XVIII. Seu trabalho em óptica incluiu o estudo da luz branca e a descoberta do espectro de cores. Foram seus experimentos com a luz que o tornaram famoso – Newton realizou um experimento no qual colocou um prisma de vidro na frente de um feixe de luz projetado através de um pequeno orifício de uma persiana. A chamada *ciência da cor* é definida como o estudo dos **aspectos físicos da cor**, contida na teoria da cor (Westfall, 1980).

Um dos críticos da teoria de Newton foi o poeta e pensador alemão Johann Wolfgang von Goethe (1749-1832). Na publicação *Farbenlehre* (*Doutrina das cores*), de 1810, Goethe contrapõe-se à visão de Newton sobre o fenômeno da luz e das cores. Essa contraposição, porém, não estava baseada na defesa de um modelo ondulatório para a luz. O filósofo alemão buscou demonstrar, em sua teoria, alguns aspectos subjetivos que a teoria de Newton não contemplava. Conforme sua teoria da metamorfose, as formas primordiais compõem todos os elementos da natureza, como as plantas, os animais e, até mesmo, a luz: "A forma primordial, ou a essência que constitui todas as coisas, tem como importante característica a mudança, ou metamorfose, no entanto, a metamorfose ocorre sempre seguindo uma mesma regra: todas as formas evoluem do mais simples para o mais complexo" (Brito; Reis, 2016, p. 290).

Com pontos de vistas diferentes, Newton estabeleceu critérios para a produção da cor na condição de fenômeno físico. Já para Goethe, existiam três formas de manifestação do fenômeno cromático: as cores fisiológicas, as cores físicas e as cores químicas. A discordância fundamental entre as teorias se dava no ponto em que Goethe não acreditava que a luz poderia ser composta por cores mais escuras que ela própria, como afirmara Newton. Dessa maneira, é possível compreender a dificuldade de aceitação da teoria newtoniana por parte de Goethe. A experimentação realizada por Newton demonstra que a luz branca ou solar (mais complexa) poderia ser decomposta nas demais cores do espectro visível (mais simples), ou seja, a luz passaria de um estado mais complexo para outro mais simples, o que estaria em completo desacordo com a visão de ciência de Goethe. Com base na ideia de metamorfose, pode-se compreender também

a concepção que Goethe insere em sua teoria de que as cores seriam derivadas de um processo de transição entre o claro e o escuro. Para Goethe, os contrários, como luz e sombra, não constituem dualidades antagônicas, mas o anverso e o reverso de uma mesma unidade polarizada (Goethe, 1993).
Segundo Brito e Reis (2016, p. 291-292),

> O interesse de Goethe por uma teoria para as cores baseada em um cuidadoso sistema de regras intensifica-se no período de 1790 a 1791 [...]. A teoria goetheana fundamenta-se no conceito de que a luz deve estar intimamente relacionada à visão. Apesar de sua forte crítica à teoria mecanicista, o próprio Goethe parece estar sob sua influência, ao afirmar que luz e cores emergem quando os olhos sofrem um "choque mecânico" mediante a exposição à luz externa. Sendo assim, de acordo com a sua teoria, não enxergamos o mundo ao nosso redor a partir da atuação da luz sobre os corpos, mas, principalmente, através de sua ação sobre o olho humano.

Em sua teoria sobre a formação das cores, Goethe não leva em consideração a decomposição da luz branca, conforme a teoria de Newton, mas a presença de luz e sombra, além de sua mistura para a formação das cores primárias. Para Goethe, as cores fisiológicas pertencem aos olhos e dependem de sua capacidade de ação e reação. Já as cores físicas seriam aquelas cuja origem provém das fontes de luz refletidas pelos objetos coloridos, isto é, cores-luz, e as cores químicas, conhecidas como *cores-pigmento*, seriam as cores características do material, que fazem parte da estrutura interna da matéria. Assim, Goethe, com seus princípios cromáticos e sua teoria das cores, deixou um importante legado como referência para artistas visuais, *designers*, arquitetos, intelectuais e educadores contemporâneos (Goethe, 1993).

Em resumo, tanto Newton quanto Goethe estavam corretos: Newton sobre as cores espectrais ou cores-luz, descritas pela síntese aditiva, e Goethe sobre as cores-pigmento, que, sob a síntese subtrativa, têm o verde produzido pela mistura do azul e do amarelo.

SÍNTESE

Neste capítulo, abordamos algumas curiosidades relativas às cores, bem como definições científicas e artísticas estabelecidas no desenvolvimento do uso da cor pela sociedade. Além disso, passeamos pela história destacando alguns registros dos mais admiráveis estudiosos que o mundo conheceu no âmbito da pesquisa sobre as cores.

QUESTÕES PARA REVISÃO

1. Cite pelo menos três expressões idiomáticas ligadas às cores.

2. Quais foram as práticas de Goethe que o auxiliaram em suas pesquisas sobre as cores?

3. Quem descobriu o espectro das cores?

    a. Goethe.
    b. Munsell.
    c. Da Vinci.
    d. Newton.
    e. Chevreul.

4. Quantas cores compunham a árvore de Munsell?
   a. 5.
   b. 7.
   c. 12.
   d. 3.
   e. 10.

5. Quem desenvolveu o *Trattato della Pittura*?
   a. Goethe.
   b. Da Vinci.
   c. Munsell.
   d. Chevreul.
   e. Napoleão.

QUESTÕES PARA REFLEXÃO

1. Como se desenvolveu o estudo das cores por pesquisadores ao longo da história?
2. Reflita sobre as diferenças entre as teorias de Goethe e Newton sobre a formação das cores.

CAPÍTULO 2

COR E O FENÔMENO VISUAL

A Cor apoderou-se de mim. Sei que ela me tomou para sempre. Tal é o significado deste momento abençoado. A Cor e eu somos um. Sou pintor.

Paul Klee

CONTEÚDOS DO CAPÍTULO:
- Interações com a cor.
- Propriedades físicas da cor.
- Relação da cor com a luz e entre comprimento de onda e cor.
- Absorção e refração das cores.

APÓS O ESTUDO DESTE CAPÍTULO, VOCÊ SERÁ CAPAZ DE:
1. compreender as diferenças entre luz e cor;
2. entender que as cores interferem tanto na parte física quanto na parte emocional dos seres humanos;
3. reconhecer as propriedades da cor;
4. entender a importância da cor em nossa vida.

Para compreender o que é cor, é imprescindível entender primeiramente o fenômeno da luz, que é a causa primordial de nossas impressões cromáticas. Ou seja, o estímulo físico, percebido pelos olhos e decodificado pelo cérebro, é a luz, a qual pode ser definida como um tipo de onda do espectro eletromagnético capaz de estimular impulsos ou sinais nervosos transmitidos ao cérebro por meio da retina.

2.1 A interação com a cor

No passado, acreditava-se que nossa visão se dava pela incidência da luz sobre os olhos, permitindo a visualização de superfícies. No entanto, atualmente sabemos que a luz incide sobre uma superfície que a reflete nos olhos do observador. Assim, a cor não tem existência material.

As cores são percepções visuais provocadas pela ação de um feixe de fótons sobre células especializadas da retina. Esse efeito faz com que enxerguemos os objetos que recebem luz proveniente da fonte luminosa, o que contradiz a ideia de que os objetos têm a própria cor. A fonte de luz que os ilumina, por sua vez, é composta de diversas cores, de forma que os raios contêm todas as cores imagináveis (Pedrosa, 1995).

A luz do sol que percebemos como branca é, na realidade, uma mistura de comprimentos de onda eletromagnética. A luz branca, como a do Sol, contém a totalidade dessas ondas visíveis, isto é, todas as cores que conhecemos estão contidas nela. Quando a luz passa por um prisma (que refrata os diferentes comprimentos de onda de cores em vários graus) e o feixe de luz resultante é projetado em uma superfície branca, o espectro completo de cores dessa luz se torna visível. A cor é uma onda luminosa, ou seja, a luz é uma onda eletromagnética que vibra em frequências e comprimentos variados. A essa gama de ondas eletromagnéticas produzidas naturalmente (Sol) ou eletronicamente (lâmpadas) à qual o olho humano é sensível, denominamos *espectro visível*.

Em virtude da estrutura molecular e da pigmentação de cada objeto, os raios luminosos são misturados, absorvidos e refletidos em várias velocidades e intensidades. Os objetos que são escuros absorvem mais raios luminosos e, por isso, refletem menos luz aos olhos. Essa absorção cria a ilusão de uma cor mais intensa e escura. Os objetos mais claros refletem mais luz, transmitindo a ilusão de maior esplendor e intensidade (Andrews, 1993).

Sob essa perspectiva, conforme Marchi (2019, p. 101),

> Quando a luz atinge a superfície de um objeto, este absorve diferentes comprimentos de onda de seu espectro total, enquanto refletem outras. Estes comprimentos de onda refletidos são as causadoras das cores dos materiais, cores que se produzidas por filtragem de comprimentos de onda se denominam cores subtrativas.

Esse fenômeno é o que se produz em pintura, em que a cor final de uma superfície depende dos comprimentos de onda da luz incidente refletida pelos seus pigmentos.

> Deste modo, um carro é de cor vermelha porque absorve todos os comprimentos de onda que formam a luz solar, exceto a correspondente à cor vermelha, que reflete, enquanto um objeto é branco porque reflete todo o espectro de ondas que formam a luz, ou seja, reflete todas as cores, e como resultado da mistura de

todas elas temos, como resultado, o branco. Por sua vez, um objeto é preto porque absorve todos os comprimentos de onda do espectro; o preto é a ausência de luz e de cor. (Criarweb, 2018)

Portanto, convém destacar uma diferença relevante entre as cores emitidas por fontes de luz (por exemplo, Sol, lâmpadas, telas de computador, *smartphones*) e as refletidas pelos materiais. O olho humano experimenta de modo diferente essas duas realidades, não sendo possível fazer uma comparação direta entre a cor vista em uma tela de computador e a cor vista em uma folha de papel (Figueiredo; Carvalho, 2016).

A natureza nos fornece a cor para alimentar nosso corpo e espírito. A cor enriquece todo o nosso sistema, dando-nos como suplemento a energia vital, que é parte essencial da vida, tão bem compreendida e utilizada pelos cromoterapeutas (Silva, 2006; Oliveira, 2012). Como somos seres altamente coloridos, os órgãos do corpo humano são feitos de cores vibrantes sempre em mutação, e nós respondemos a tais cores de maneira ativa ou passiva, assim como as utilizamos em tudo o que fazemos. Desse modo, as ondas de luz afetam os indivíduos em cada minuto de vida e penetram nos sistemas físico e energético, independentemente de a pessoa estar acordada ou dormindo, ou de ter visão normal ou ser cega.

Atualmente, sabemos que a cor afeta a ativação cortical (as ondas cerebrais), as funções do sistema nervoso autônomo (que regula a complexidade interna do corpo) e as atividades hormonais, além de despertar associações emocionais e estéticas precisas. Muitos estudos avaliam o efeito da cor no comportamento dos indivíduos, como nos níveis de satisfação, motivação, humor, desempenho, concentração e fadiga, entre outros. Ainda, as pesquisas revelam que algumas cores são estimulantes, enquanto outras são calmantes e sedativas (Marchi; Okimoto, 2004; Okimoto; Marchi, 2006; Marchi, 2007; Okimoto; Marchi; Krüger, 2008).

Ou seja, a cor, sendo provinda da luz, é uma forma de energia, e essa energia interfere diretamente nas funções de nosso corpo, tal como influencia a mente e as emoções; são os chamados *efeitos psicofisiológicos* (Silva, 2006). Assim, a cor está introduzida no sistema humano de muitos modos. Nessa perspectiva, por meio da compreensão dos efeitos fisiológicos e psicológicos da cor, é possível selecionar melhor as cores para utilizá-las com eficiência e eficácia.

Segundo Silveira (2015), a sensação cromática é diferente da percepção cromática. Trata-se de **sensação da cor** quando se considera parte do processo, ou seja, quando a luz existente atinge os olhos e esse fluxo luminoso é codificado fisiologicamente. Já a **percepção da cor** acontece quando esse código fisiológico, estabelecido a partir do fluxo luminoso, é interpretado.

Os estímulos que causam as sensações cromáticas estão divididos em dois grupos: o das cores-luz e o das cores-pigmento. **Cor-luz**, ou luz colorida, é a radiação luminosa visível que tem como síntese aditiva a luz branca. Sua melhor expressão é a luz solar, por reunir de forma equilibrada todos os matizes existentes na natureza. As faixas coloridas que compõem o espectro solar, quando tomadas isoladamente, uma a uma, denominam-se *luzes monocromáticas*.

Por sua vez, a **cor-pigmento** é a substância material que, conforme sua natureza, absorve, refrata e reflete os raios luminosos, componentes da luz, que se difundem sobre ela. É a qualidade da luz refletida que determina sua denominação. O que faz com que se denomine um corpo de *azul* é sua capacidade de absorver quase todos os raios da luz branca incidente e refletir para nossos olhos apenas a totalidade do azul (Pedrosa, 1995).

Os pigmentos que fazem parte de qualquer material, seja natural (uma flor), seja artificial (um objeto), determinam a cor, por sua capacidade de absorver uma proporção das cores constituintes da luz natural. A cor é uma característica inerente a todos os materiais, e as tintas têm um papel preponderante ao trazê-la para qualquer superfície ou material – plásticos, metais, borrachas, cerâmicas, vidros, têxteis etc. (Silva, 2006). O disco de cores, ou círculo cromático, apresenta as relações entre as cores-pigmento. Desde muito cedo nas escolas, as crianças aprendem a fazer misturas para formar outras cores, e os artistas utilizam esse disco para trabalhar com os pigmentos (Lupton; Phillips, 2015).

2.2 A percepção da cor e os processos de visão

Em nosso relacionamento com o meio ambiente, registramos e processamos constantemente as informações. A captação de informações é tarefa dos sentidos; a parte predominante do processamento pertence ao cérebro. A percepção é resultado da ação do sistema nervoso, cuja análise pode ser abordada do ponto de vista dos estímulos de origem física, bem como pelas perspectivas anatômica, fisiológica e psicológica.

A percepção requer atenção e, também, a capacidade de generalizar, podendo ser dividida em:

- **Percepção que acontece por meio de estímulos externos que agem nos órgãos dos sentidos**: diz respeito a estímulos ativos que podem ser ondulados (luz, som), mecânicos (tátil) e químicos (olfativo, paladar), os quais se referem a sinais distintos, mas não isolados.
- **Percepção como resultado da integração biológica, cognitiva e de processamento simbólico**: isso ocorre por meio não apenas do processamento de estímulos, mas também de experiências passadas e da incorporação de uma nova percepção a estes. A percepção visual é composta da sensação atual e de memórias armazenadas. Trata-se, assim, de um processo de aprendizagem e de uma habilidade de evolução gradual no desenvolvimento individual humano.

O mundo da percepção depende dos estímulos coletados por um ser vivo, o que também varia conforme seus sentidos. Por exemplo, os herbívoros não veem em cores, mas os movimentos captados são rapidamente notados; os répteis podem ser considerados pouco visuais, pois a visão não é seu sentido mais importante (Palma, 2019), porém eles sentem a diferença de temperatura de longe; já nos cães, o olfato e a audição são sofisticados. O mundo da percepção humana é baseado, principalmente, em estímulos visuais e auditivos, mas também é preciso considerar que existem diferenças entre os indivíduos (Sekuler; Watamaniuk; Blake, 2002).

- **Atenção**: a percepção como ato de atenção – nossa atenção é o objeto de percepção. A fonte do estímulo (no caso, a visão) raramente é uniforme e isolada, pois geralmente se dá por meio da interação de vários estímulos. Estes não são todos igualmente importantes, já que selecionamos as partes essenciais e as desprezíveis – a atenção distingue os estímulos e concentra-se nas partes mais interessantes. A atenção também pode ser entendida como um estado perceptivo de preparação ou manutenção do nível de alerta necessário para a percepção. A percepção e a resposta a ela não são automáticas, isto é, frequentemente exigem esforço.
- **Generalização perceptiva**: o reconhecimento e a percepção de certos padrões de estímulos só são possíveis pela nossa capacidade de generalizar (por exemplo, podemos detectar visualmente milhares de folhas em uma árvore, mas, primeiramente, a mente considera o todo da árvore), o que também é precedido por um processo de aprendizagem. A generalização é particularmente importante no processamento de estímulos visuais, sendo uma das condições básicas para a percepção visual. Reconhecemos um objeto não apenas quando o vemos em sua realidade, no espaço, com boa iluminação; também podemos identificá-lo por meio de uma imagem bidimensional ou, mesmo, em um esboço desenhado com algumas linhas características. O cérebro (a capacidade de generalizar perceptivamente) cria a imagem preenchendo as lacunas dos estímulos visuais, abstraindo de características importantes da forma e confiando em associações.

Assim, podemos ver um rosto humano com facilidade, mesmo que não haja nenhum rosto. Por exemplo, todos nós já experimentamos visualizar um formato aleatório em um ponto amorfo (uma nuvem, os nós da madeira, uma sombra) que, mais cedo ou mais tarde, assume determinada forma (ou um rosto humano). Sim, nós vemos algo e, na maioria das vezes, trata-se de uma forma humana. Provavelmente, a visão do rosto está "programada" em nós porque, no início de nossa vida, a visão mais importante que precisamos aprender a reconhecer, o mais cedo possível, é a do rosto dos pais – principalmente da mãe.

- **Ilusão de ótica**: imagens que enganam o sistema visual são chamadas de *ilusões de ótica* (Figura 2.1). O "engano" do olho é essencialmente uma situação experimental a partir da qual o funcionamento da visão pode ser inferido (ilusão visual). O cérebro sempre "espera" um determinado padrão de estímulo, mas, se não o alcança, cria alguma interpretação. O mundo real não pode estar em autocontradição, mas sua percepção pode estar. Segundo Gregory (1966), a percepção seria uma suposição, e a ilusão seria uma suposição falsa, ou seja, uma ficção.

Figura 2.1 – **Ilusão de ótica**

2.3 Os responsáveis pela visão das cores

A principal condição física para a visão das cores é uma quantidade suficiente de luz. A luz é um fenômeno físico, uma condição básica para a formação da cor, ou seja, para o processo perceptivo que ocorre no olho e no cérebro humano (Sekuler; Watamaniuk; Blake, 2002). Trata-se de um estímulo externo necessário para a visão: radiação eletromagnética. Ela parte do Sol para a Terra mediante vários raios de onda, uns mais curtos e outros mais longos.

A visão das cores é um fator próprio de nossa percepção visual. Há dois tipos de células sensoriais no globo ocular: cones e bastonetes (Figura 2.2). É importante destacar que "esses dois tipos de fotorreceptores na retina dividem o trabalho entre si e executam tarefas diferentes: os bastonetes nos permitem perceber alterações de brilho até uma determinada intensidade de luz. Os bastonetes são essenciais para a visão noturna e crepuscular" (Zeiss, 2017). Essas células nos possibilitam ver tanto no escuro quanto na claridade.

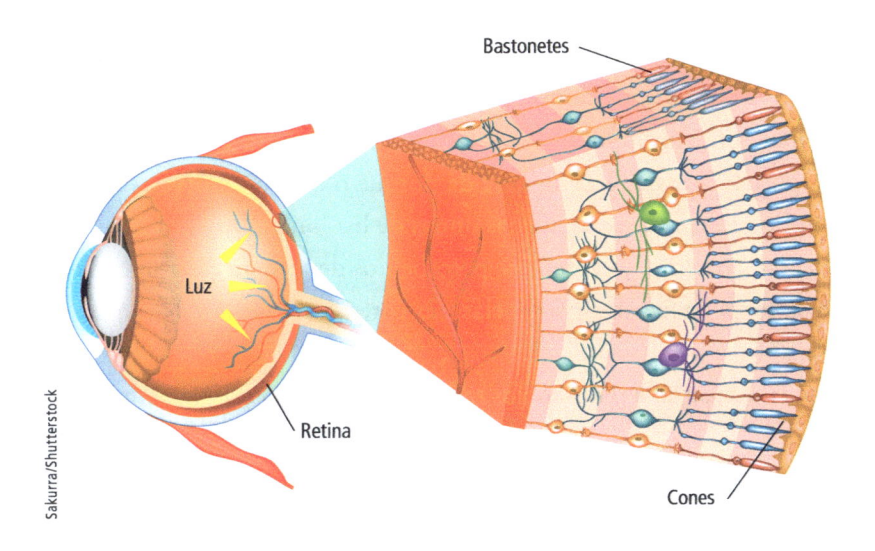

Figura 2.2 – **Células sensíveis à luz: bastonetes e cones**

Por sua vez, os cones são os responsáveis pela percepção de cor. Há três variedades distintas de cones, cada uma reagindo a diferentes comprimentos de onda: cones que reagem para a luz azul (comprimentos de onda mais curtos); cones que reagem para a luz verde (comprimentos de onda intermediários); e cones que reagem para a luz vermelha (comprimentos de onda mais longos).

Ou seja, se uma superfície reflete apenas ondas curtas, parece da cor azul. Se reflete apenas ondas longas, é percebida como vermelha. Já com raios de luz de comprimento intermediário, é vista a cor verde. Assim, para as cores que provêm de misturas, como laranja, violeta ou marrom, a superfície reflete ondas de comprimentos diferentes.

Porém, se a superfície reflete todos os comprimentos de onda simultaneamente, então o cérebro a vê como branca.

No entanto, os objetos não só refletem as cores, como também as absorvem, e esse é outro fator que afeta a percepção de cor. Vamos tomar como exemplo uma superfície que apresenta a cor vermelha (Figura 2.3): esse fenômeno se dá porque o objeto absorve as luzes azul e verde, refletindo apenas ondas de luz longas, isto é, a cor vermelha. Portanto, as cores que percebemos dependem da proporção e da força da luz absorvida pelas três cores: azul, verde e vermelho.

Figura 2.3 – **Absorção e reflexão dos raios luminosos pela cor-pigmento**

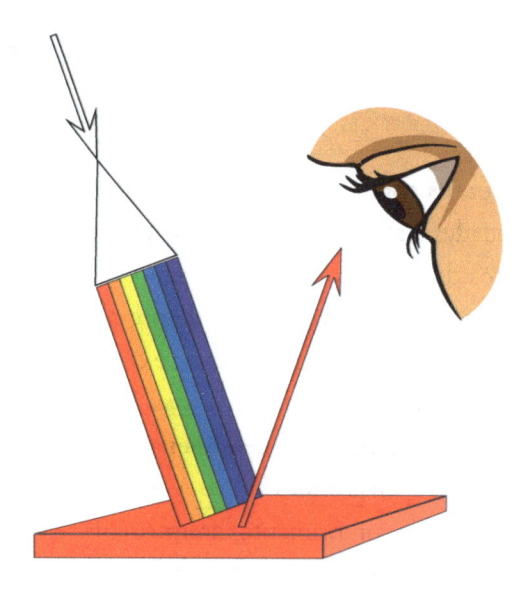

udaix/Shutterstock

Entre o vermelho (na frequência mais baixa) e o violeta (na mais alta), você verá, literalmente, todas as cores do arco-íris (Figura 2.4). Ademais, embora cada uma possa ser considerada única, apenas três dessas cores são necessárias para compor todas as outras – por isso, são conhecidas como *cores primárias*.

Figura 2.4 – **Espectro de luz visível**

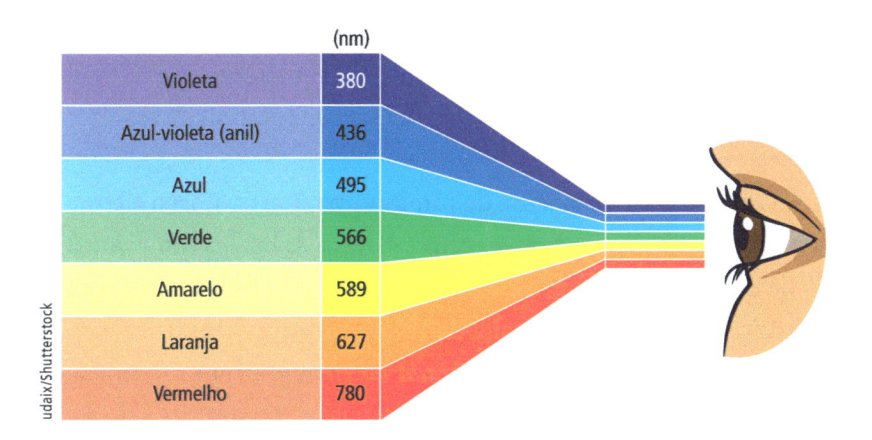

Cor	(nm)
Violeta	380
Azul-violeta (anil)	436
Azul	495
Verde	566
Amarelo	589
Laranja	627
Vermelho	780

udaix/Shutterstock

Normalmente, os olhos humanos processam um espectro de luz entre 380 e 780 nanômetros, não percebendo luzes de ondas mais curtas (UV) e mais longas (infravermelho), ou seja, que estejam abaixo e acima do espectro de luz visível.

2.4 Formação de cores em nível atômico

A matéria absorve raios que podem causar uma mudança em sua estrutura interna. A cor de uma substância é (parcialmente) determinada pelo comprimento de onda da luz absorvida, que depende do número de elétrons excitáveis nos átomos da substância.

O elétron orbitando ao redor do núcleo assume certa quantidade de energia (quântica) sob a influência da radiação externa e salta para uma órbita externa mais energética. No entanto, o elétron "ejetado" (ou seja, excitado) tende a retornar à sua órbita interna mais estável. À medida que volta, vai emitindo a energia que acabou de absorver, ou seja, um fóton (luz).

A depender da distância e do caminho externo do qual o elétron retorna, o número de vibrações características da luz – o comprimento de onda – é gerado e, assim, vemos esse efeito como cor. Esta é criada quando um elétron salta de volta para a camada do segundo elétron – isso é chamado de *camada do elétron*. Para se recuperar do mais distante, é preciso de mais energia, e o resultado é o azul, enquanto o vermelho necessita de menos energia. Provavelmente, esse é o motivo pelo qual há muito mais matéria vermelha do que azul na natureza. A energia do *quantum* é inversamente proporcional ao comprimento de onda (Vizi, 1994).

2.5 Propriedades físicas da cor

Tudo o que nós enxergamos resulta da luz refletida, ou seja, a luz (energia eletromagnética produzida por uma fonte de luz em diferentes comprimentos de onda) é responsável por criar cor e forma. Quando as ondas de luz se refletem dos objetos até nossos olhos, criam a sensação de luz.

Entende-se por *propriedades físicas* o que se situa no mundo dos sentidos exteriores. Não importa que os objetos exteriores sejam interpretados de maneira idealista ou realista. Em qualquer hipótese, eles são físicos, pela circunstância de que entendemos a cor como algo físico. Desse modo, é relevante considerar duas características da cor: a relação dela com a luz e a diferença das cores pelo comprimento de onda.

É interessante pensar que, embora a cor tenha tamanha importância na vida, ela não tem existência material, isto é, trata-se apenas de uma sensação produzida por certas organizações nervosas sob a ação da luz (espectro eletromagnético). Na realidade, refere-se à sensação provocada pela ação da luz sobre o órgão da visão. Seu aparecimento está condicionado à existência de dois elementos: a luz (objeto físico, agindo como estímulo) e o olho (aparelho receptor, funcionando como decifrador do fluxo luminoso, que se decompõe ou se altera conforme a função seletora da retina) (Pedrosa, 1995).

2.6 Relação da cor com a luz

Como a cor está diretamente vinculada à luz e a todo o contexto eletromagnético implicado nos conhecimentos de física, do mais simples ao mais complexo, ela possibilitou ao homem a criação de maravilhas tecnológicas, como a televisão, a internet e os *smartphones*.

Quando nos referimos a um espectro, não estamos considerando apenas o espectro visível, mas o conjunto das radiações visíveis com todos os outros tipos de radiação existentes no Universo, tais como infravermelha, ultravioleta, raios gama e raios X (Helerbroch, 2022). A esse respeito, conforme Fernandes (2022, p. 2), "A faixa colorida obtida por Newton, quando separou as cores da luz do sol com um prisma, é chamada 'espectro da luz solar'". O espectro de uma luz é obtido pela refração das cores que compõem essa luz. Essa divisão, ou dispersão, pode ser conseguida com um prisma ou algum outro objeto de difração (vidro ou cristal). Dessa forma, "o espectro da luz do sol, dita 'branca', é um contínuo com todas as cores visíveis" (Fernandes, 2022, p. 2). Essas cores têm comprimentos de onda que vão desde 400 nanômetros (lilás) até 700 nanômetros (vermelho) (Nascimento, 2014).

Figura 2.5 – **Luz visível**

2.7 Relação entre comprimento de onda e espécie de cor

Conforme descrito na Enciclopédia Simpozio (2004, p. 3), "As ondas eletromagnéticas são de variados comprimentos, sendo as mais curtas os raios cósmicos; as mais longas as ondas de TV; as intermediárias, a luz, com suas respectivas cores", como ilustra a Figura 2.6. Nessa perspectiva, "a separação natural dos comprimentos de onda ocorre nas diversas maneiras com que os corpos refletem luz" (Enciclopédia Simpozio, 2004, p. 3).

A medição das frequências de ondas de luz ocorre por meio de um sistema de medidas adequadas com a indicação de mícron, o milésimo de um milímetro. Atualmente, a Associação Brasileira de Normas Técnicas (ABNT) adota o termo *nanômetro* para essa denominação. A unidade específica para medidas de luz é o angstrom – referência ao físico sueco Anders Jons Angstrom (1814-1874) – e essa medida indica a extensão de dez milionésimos de milímetro, portanto 0,0001 mm = 0,1 nm (nanômetro).

Figura 2.6 – **Relação entre frequência e comprimento de onda**

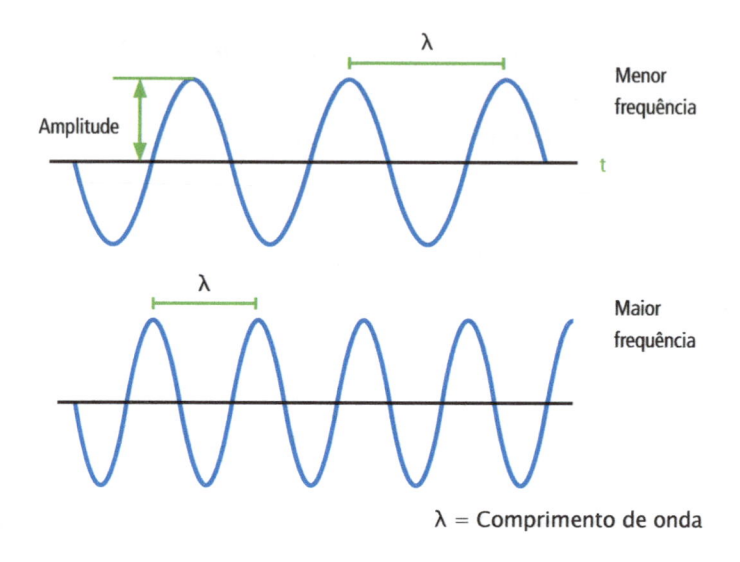

Amplitude
λ
Menor frequência
t

λ
Maior frequência

λ = Comprimento de onda

Figura 2.7 – **Espectro eletromagnético**

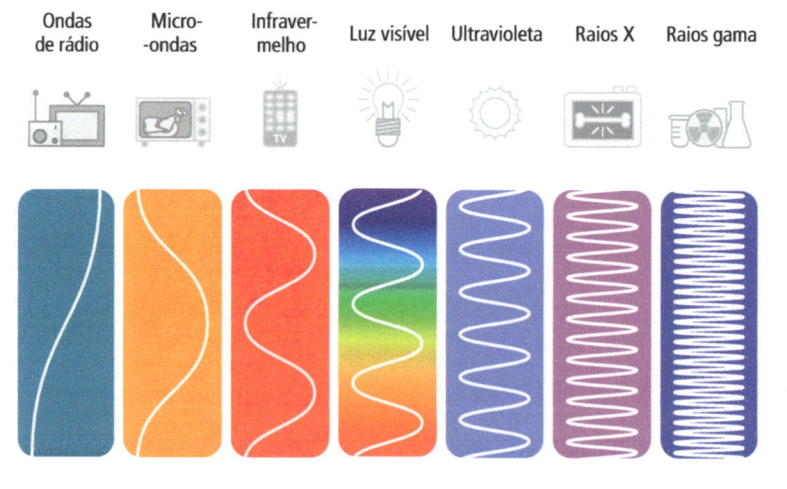

| Ondas de rádio | Micro-ondas | Infravermelho | Luz visível | Ultravioleta | Raios X | Raios gama |

VectorMine/Shutterstock

Fonte: Helerbrock, 2022.

Quanto às propriedades das frequências de onda de luz, alguns comprimentos produzem calor, outros a sensação de cor, e outros, ainda, não se manifestam aos nossos sentidos, mas se revelam por efeitos que permitem constatar sua presença, tal como indicado na Figura 2.7. Ou seja:

- Separadas as ondas pelos seus variados comprimentos, passam a se denominar *cores*.
- Quando as ondas se manifestam à percepção da pele, são chamadas de *ondas térmicas*.
- Há outros comprimentos, progressivamente mais curtos, que são os raios ultravioleta, os raios X, os raios gama, os raios cósmicos etc.
- Com relação às ondas de rádio, existem as ondas ultracurtas, curtas, médias, ondas de TV etc., sempre mais longas.

É importante destacar que, por conta da conexão da cor com os demais fenômenos eletromagnéticos, foi possível desenvolver todo um sistema de imagens coloridas, de que a televisão e as telas de computador são exemplos admiráveis.

2.8 Fenômeno da absorção e refração das cores

A separação das ondas de luz acontece de acordo com as reações dos corpos, pois, conforme a constituição molecular desses objetos, algumas ondas penetram, sendo absorvidas e passando através deles, ao passo que outras ondas são refletidas, ocorrendo, assim, a separação e a diferenciação das cores.

Assim, as cores dos corpos dependem do modo como absorvem e refletem a luz:

- Se a luz atravessa integralmente um objeto, trata-se do que é denominado *transparência*.
- Se nenhuma onda de luz consegue atravessar os átomos, refletindo-se integralmente, a aparência do corpo se torna branca, tal como a luz integral.
- Se a luz é toda absorvida e transformada no interior do corpo, desaparecendo, este toma a aparência de preto.
- Se ocorre a absorção de algumas ondas entre outras que se refletem, a cor do corpo assume a aparência do comprimento das ondas refletidas.
- Ocorre, ainda, a transparência colorida, em que o colorido do objeto transparente é representado pela onda de luz que não conseguiu atravessar e, por isso, reflete-se, de sorte a dar uma cor ao objeto transparente, ao passo que as outras ondas seguem seu curso.

Os **comprimentos de onda** são bem definidos para cada cor, e as limitações obedecem a critérios subjetivos oscilantes. As impressões semelhantes se distendem por áreas vizinhas, que, em conjunto, recebem o mesmo nome. Por exemplo: o amarelo real reflete 580 nm. Nessa altura exata, oferece a impressão de um gris sombrio; por seu turno, o que, de fato, chamamos de *amarelo* reflete de 500 nm a 700 nm; nas mesmas condições, o azul reflete 480 nm, o verde 520 nm, o laranja 650 nm e o vermelho 660 nm. Na extremidade do espectro está o violeta ou lilás, que reflete apenas 390 nm.

2.9 Percepção da cor

A percepção da cor é um fenômeno bastante complexo. A sensação da cor é determinada apenas pelos elementos físicos (a luz) e fisiológicos (o olho). Já na percepção da cor, fazem-se presentes, também, os dados psicológicos, que alteram substancialmente a qualidade do que se vê. Assim, a definição de cor, vista pelo aspecto físico, corresponde à sensação produzida por certas organizações nervosas sob a ação da luz. Ondas de luz alcançam os olhos mediante uma transmissão da fonte de luz para o objeto e deste para o observador.

A física estuda a luz sob três perspectivas distintas: pela **óptica geométrica**, em que a trajetória dos raios luminosos é tratada independentemente da natureza da luz; pela **óptica física**, em que a interpretação dos fenômenos associados à natureza da luz é fundamentada nas radiações eletromagnéticas; e pela **óptica quântica**, em que a interpretação dos fenômenos associados à natureza da luz é fundamentada na teoria quântica, considerando a luz formada por partículas (*quantum*). Assim, a luz pode ser identificada como onda (óptica física) ou partícula (óptica quântica) (Silveira, 2015).

A interação entre a luz e o objeto gera o fenômeno da cor percebida nos corpos. A luz incide sobre os átomos componentes das substâncias, interagindo e gerando a coloração dos objetos, graças à capacidade de absorver, refratar ou refletir os raios luminosos:

> A cor-pigmento é a substância material constituinte do objeto de acordo com sua natureza química. Ela pode absorver, refratar ou refletir os raios luminosos componentes da luz incidente [...]. As chamadas cores-pigmento equivalem às substâncias corantes que fazem parte do grupo das cores químicas de Goethe.
> (Silveira, 2015, p. 45)

Pode-se considerar que cada cor tem quatro dimensões ou propriedades: matiz, valor, intensidade e temperatura, as quais serão detalhadas no Capítulo 3, em que abordaremos as características da cor.

Assim, a cor atua como uma combinação de todas essas propriedades (Silva, 2006), embora o olho humano consiga distinguir apenas três dimensões da cor (Figueiredo; Carvalho, 2016). A percepção da cor depende, ainda, do tamanho da amostra de cor, da luz incidente, bem como das cores que eventualmente poderão circundá-la e que interagem entre elas (Lupton; Phillips, 2015).

Ainda sobre a percepção cromática, há mais do que as questões que envolvem a percepção da cor, como a diferença relativa à percepção de um objeto colorido: as cores não são vistas de forma isolada, e sim agregadas aos objetos. Assim, a percepção visual do mundo pode ser dividida entre a percepção do mundo físico substancial e a percepção das coisas úteis e significativas em que se coloca a atenção (Silveira, 2015).

2.10 A importância da cor em nossa vida

As cores estão tão presentes em nosso dia a dia, de forma tão intensa e natural, que nem sempre lhes damos a devida importância. Todos nós somos afetados pelas cores, muitas vezes mais do que podemos imaginar. A cor está intimamente ligada a todos os aspectos de nossa vida. A cor, bem como sua percepção, faz parte de um conjunto quase indissociável que permeia várias esferas da existência, que vão da ciência à arte, do técnico ao estético (Andrews, 1993).

Na área da saúde, a **cromoterapia** é um método que utiliza a cor para curar. Ela se embasa na ideia de que os órgãos, por serem formados por átomos, têm frequências vibratórias distintas entre si e, como estas geram cores, cada órgão que compõe o corpo apresenta uma cor particular, por ter constituição, textura e temperatura específicas. Assim, entende-se que uma estrutura física, quando adoece, altera seu ritmo molecular para maior ou menor velocidade, o que altera também sua cor natural. Desse modo, ao se aplicar a cor-luz original ao órgão doente, as vibrações naturais de sua constituição são devolvidas, recompondo sua harmonia vibratória de forma natural e sem efeitos colaterais. As ondas vibratórias atuam somente em campos da mesma frequência, assim como as ondas de rádio e de televisão, que só são captadas pelos aparelhos receptores que estiverem de acordo com as frequências emitidas pelas antenas transmissoras (Oliveira, 2012).

Com sua magnificência, a cor cura, agrega e comanda o extraordinário espetáculo da vida. As imagens e as cores chegam até nós de maneira a chamar nossa atenção ou, ainda, afetar nossa compreensão sobre determinada situação ou acontecimento (Ramos, 2003). À vista disso, é comum o uso desses artifícios em comunicações ou expressões artísticas, seja para prender a atenção do espectador, seja para inserir ou ressaltar determinados pontos (Sousa, 2014).

Designers e arquitetos utilizam as cores nos ambientes, em espaços externos e internos, como hospitais, lojas e salas comerciais, ambientes domésticos e escolares. Ou seja, como a cor é o elemento fundamental da narrativa visual, ao aprender a teoria da cor, você poderá expandir seu conhecimento sobre cores, aplicá-lo em suas produções e usá-lo a seu favor para chamar a atenção ou influenciar o observador de determinada forma.

2.11 Curiosidades sobre a cor

Os olhos não são os únicos órgãos que podem sentir a luz. Reações elétricas a ela têm sido registradas na pele de ratos, sapos, cobaias e axolotes. As minhocas se encolhem quando a luz toca sua pele. Mesmo os pombos recém-nascidos, com a cabeça coberta por capuzes pretos, mostram reações comportamentais à luz (Departamento de Pesquisas da Universidade Rose-Croix, 1990).

Da mesma forma, a luz do Sol (e algumas lâmpadas) torna a pele do homem bronzeada e estimula a formação da vitamina D. Nos hospitais, a luz é usada para tratar a icterícia neonatal e a psoríase da pele. No outro extremo, há pessoas alérgicas à luz. Assim como os cientistas da Universidade Rose-Croix, pesquisadores de outras instituições estão estudando curiosas interações entre a luz e a pele. O fenômeno é chamado de "visão sem olhos" ou, mais comumente, *percepção dermo-óptica* (PDO). Os pesquisadores relataram que pessoas com os olhos vendados podem aprender a "ver" cores através da pele (Departamento de Pesquisas da Universidade Rose-Croix, 1990; Andrews, 1993).

Conforme Silveira (2015), para entender mais sobre as cores e utilizá-las em projetos, é importante compreender o que muitos estudiosos de diversas áreas, ao longo da história, concluíram a respeito da percepção da cor. Segundo a autora, alguns deles estudaram a cor para entender outros objetos de pesquisa, enquanto outros a analisaram pela própria cor em si, sob a prerrogativa de que sua interpretação é relevante para a construção da percepção do mundo visual. Foram encontrados escritos sobre as cores datados do século I d.C., e os estudos relacionados à temática continuam a ser desenvolvidos incansavelmente até os dias de hoje. Isso prova que há muito tempo a teoria da cor vem tomando forma e sendo ampliada, o que possibilita a expansão dos conhecimentos sobre o assunto.

SÍNTESE

Neste capítulo, primeiramente abordamos a dificuldade de compreender o que é cor e qual é sua relação com a luz. Procuramos, também, enfocar o entendimento da física quanto à questão de a luz ser onda ou partícula e, consequentemente, cor. Além disso, buscamos realçar os avanços tecnológicos que os estudos nos proporcionaram no decorrer dos anos, bem como apresentar o uso das cores para a recuperação da saúde por meio da cromoterapia.

QUESTÕES PARA REVISÃO

1. Explique com suas palavras as diferenças entre luz e cor.
2. Qual é a lógica da cromoterapia?
3. No espectro luminoso, qual é a faixa em angstroms em que os olhos percebem a luz?
   a. De 200 a 350.
   b. De 700 a 800.

c. De 300 a 350.
d. De 350 a 400.
e. De 400 a 700.

4. A medição das frequências de ondas é feita em:

    a. Centímetros.
    b. Centésimos de milímetro.
    c. Polegadas.
    d. Nanômetros.
    e. Decímetros.

5. A faixa vibratória entre 5.920 e 6.200 angstroms representa a cor:

    a. Verde.
    b. Azul.
    c. Violeta.
    d. Amarela.
    e. Laranja.

QUESTÃO PARA REFLEXÃO

1. Que setores seriam beneficiados com a comprovação de que as cores são capazes de alterar células e, assim, modificar estruturas moleculares?

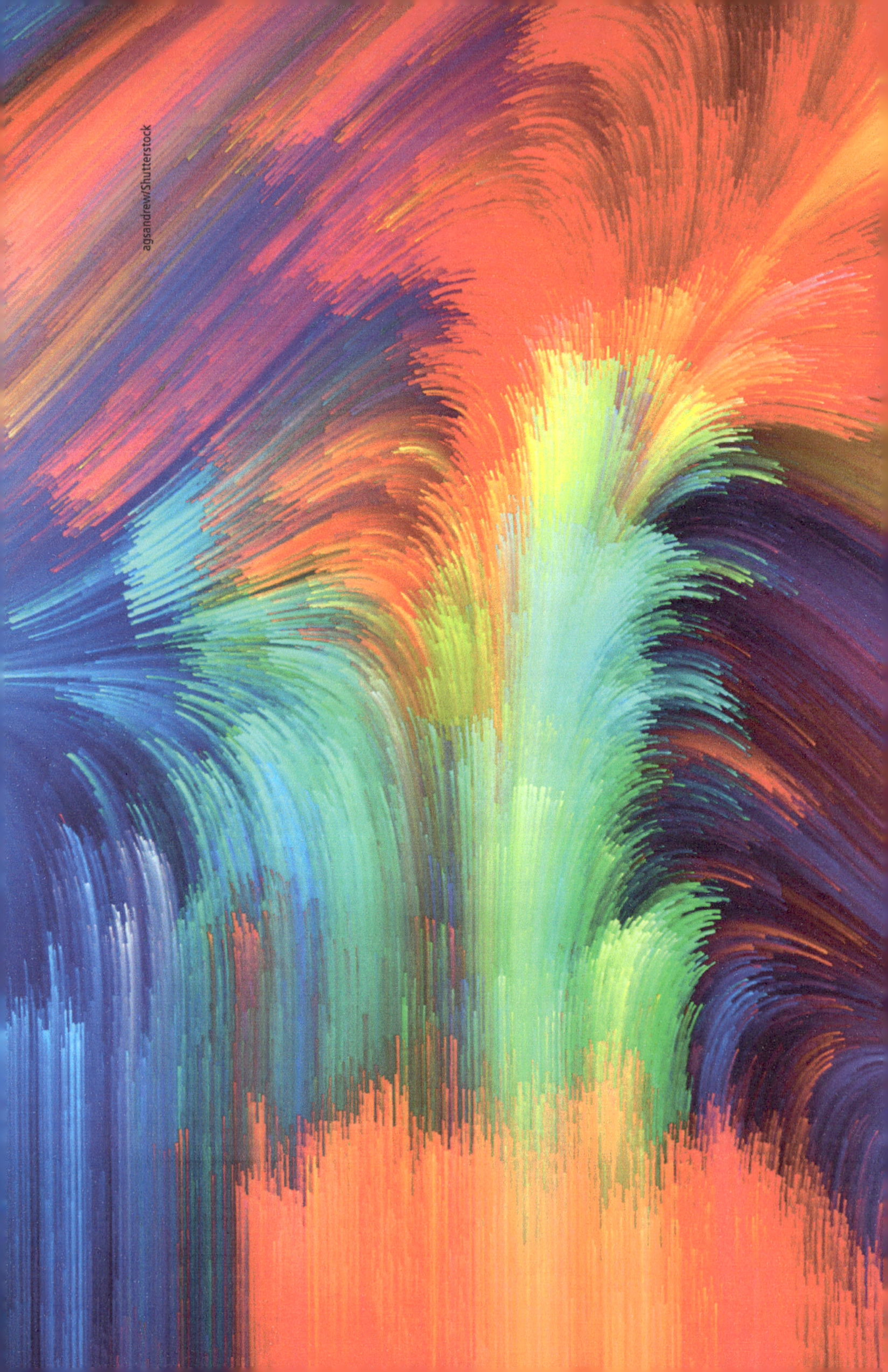

agsandrew/Shutterstock

CAPÍTULO 3

CLASSIFICAÇÃO DAS CORES

Em realidade, trabalha-se com poucas cores. O que ilude seu número é terem sido colocadas no lugar justo.

Pablo Picasso

CONTEÚDOS DO CAPÍTULO:
- Círculo cromático.
- Características da cor.
- Harmonias cromáticas.

APÓS O ESTUDO DESTE CAPÍTULO, VOCÊ SERÁ CAPAZ DE:
1. explicar como se formam as cores;
2. compreender o que são cores primárias, secundárias, terciárias e neutras;
3. usar um círculo cromático;
4. entender para que servem e como se usam as harmonias cromáticas.

A classificação das cores e suas nomenclaturas foram dadas por estudiosos do assunto, segundo suas características e formas de manifestação. Tanto as cores-pigmento quanto as cores-luz são organizadas primeiramente em tríades de cores primárias.

3.1 Cores primárias e secundárias

As cores geratrizes ou primárias (vermelho, azul e amarelo) (Figura 3.1) são cores puras que não resultam da mistura de outras; quando misturadas em proporções variáveis, criam todas as demais cores do disco cromático (Lupton; Phillips, 2015). Na cor-luz, as primárias são vermelho, verde e azul-violetado, diferindo da cor-pigmento (Pedrosa, 1995; Silveira, 2015).

Figura 3.1 – **Cores primárias: vermelho, amarelo e azul**

Dessa forma, da mistura da tríade de cores-pigmento primárias (indecomponíveis) surgem as cores secundárias: laranja, verde e lilás ou violeta (Figuras 3.2, 3.3 e 3.4). Quando essas tríades se somam às cores secundárias e às terciárias, geram os círculos cromáticos (Lupton; Phillips, 2015). Assim, o círculo cromático é um instrumento importante de organização do complexo universo cromático.

Figura 3.2 – **Formação da cor laranja: cor secundária**

Figura 3.3 – **Formação da cor verde: cor secundária**

Figura 3.4 – **Formação da cor lilás: cor secundária**

O círculo cromático originado a partir das cores-pigmento primárias – vermelho, azul e amarelo – é bastante utilizado por ter sido construído culturalmente, ou seja, vem sendo usado historicamente há muitos anos, sendo presente em pinturas, exemplos de combinações de cores e até em apostilas de ensino fundamental (Silveira, 2015).

3.2 Como fazer o círculo cromático

O círculo cromático, ou disco de cores, é composto pelo espectro visível de cores, ou seja, de cores-pigmento, dispostas em um círculo. Trata-se de uma ferramenta útil que ajuda a explicar o que acontece quando misturamos as tintas.

O círculo cromático, em si, não é tão importante, embora ele carregue um conceito histórico e científico. Mais relevante é a teoria que está por trás do círculo das cores. Depois de entender as relações básicas entre elas, o círculo cromático se torna nada mais do que uma forma de indução visual para dar apoio às misturas e composições de cores.

Existem variações para o círculo cromático. Em primeiro lugar, há o círculo cromático tradicional, que contém as cores primárias com as misturas entre elas, distribuídas uniformemente em torno do círculo (Figura 3.5a). Simples de usar, esse círculo cromático é o mais comumente empregado por artistas. Há também o círculo de cores aditivas (Figura 3.5.b). A cor aditiva se refere à nossa visão da cor-luz. Esse círculo de cor-luz (aditiva) não é útil para a mistura de cores-pigmento, mas é importante entendê-lo.

As três cores primárias (vermelho, amarelo e azul) são compradas prontas, pois são as únicas cores que não podem ser feitas por meio da mistura de cores. Já as três cores secundárias (verde, laranja e roxo/violeta) são feitas por meio da mistura de duas cores primárias. Seu matiz está a meio caminho entre as duas cores primárias que foram misturadas. Na roda de cores, as cores secundárias estão localizadas entre as cores primárias (Aidar, 2022a).

As cores terciárias (vermelho-alaranjado, vermelho-arroxeado, amarelo-esverdeado, amarelo-alaranjado, azul-esverdeado e azul-arroxeado) são feitas pela mistura de uma cor primária com uma cor secundária adjacente. Na roda de cores, as cores terciárias estão localizadas entre as cores primárias e as secundárias de que são feitas (Aidar, 2022a).

No entanto, as cores-luz primárias são diferentes das cores-pigmento primárias (tintas). Quando se misturam (adicionam) todas as cores-luz, obtém-se a luz branca. Por esse motivo, ela é chamada de *cor aditiva*. Já na mistura das tintas (cor-pigmento), não ocorre o mesmo. Quando se misturam todas as cores primárias das tintas, obtém-se um marrom em vez de branco. O marrom é produzido misturando-se vermelho, preto e amarelo, vermelho, amarelo e azul ou, ainda, vermelho e verde.

Ou seja, nas cores-pigmento, quando se misturam cores complementares, essencialmente estão sendo misturadas todas as três cores primárias, e o resultado geralmente é uma cor escura (cor marrom). Assim, obtém-se o marrom quando se mistura vermelho com verde (cores complementares). O verde pode ser feito ao se misturar o amarelo com o azul. Dessa forma, ao misturar vermelho com verde, estão sendo misturadas três cores – vermelho, azul e amarelo (cores primárias).

Figura 3.5 – **Círculo cromático de cores pigmentos (a); círculo cromático de cores-luz – RGB (b)**

(a)

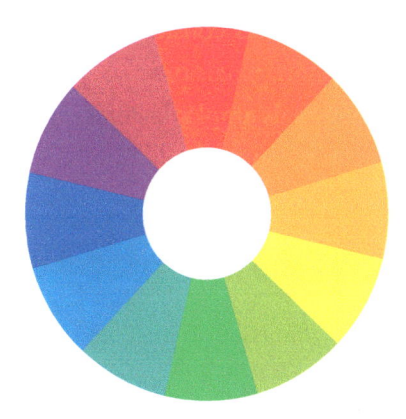

(b)

Portanto, o círculo cromático de cores-pigmento é composto dos seguintes elementos:

- **Cores primárias**: cores que, em teoria, são capazes de misturar a maioria das outras cores do espectro visível. Na arte, as três cores primárias, como informado, são vermelho, azul e amarelo. No entanto, alguns artistas consideram magenta, ciano e amarelo como cores primárias mais precisas, pois elas são capazes de misturar uma gama mais ampla de cores. Quando se misturam as três cores primárias, ou vermelho e verde, obtém-se uma cor muito escura (marrom) (Figura 3.6).

Figura 3.6 – **Cor terciária**

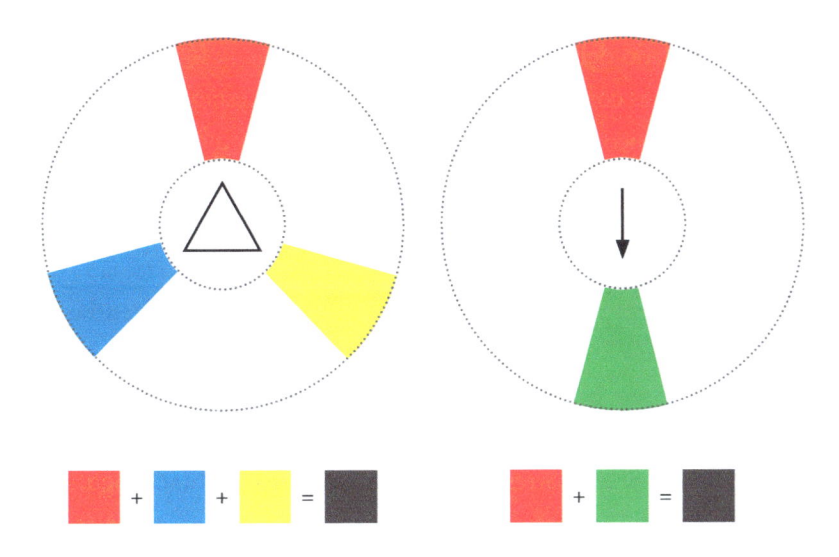

- **Cores secundárias**: cores obtidas mediante a mistura de duas cores primárias (verde, laranja e roxo).
- **Cores terciárias**: cores obtidas mediante a mistura de uma cor primária com uma cor secundária.

No círculo cromático, considera-se que as cores próximas umas das outras mantêm uma relação harmoniosa, sendo conhecidas como *cores análogas*. Já as cores opostas entre si no círculo cromático são denominadas *complementares*. Há um contraste notável quando se colocam duas cores complementares uma ao lado da outra – por exemplo, amarelo e roxo ou laranja e azul.

Outro fato interessante é que a maioria dos artistas divide o círculo cromático em cores quentes e frias – embora a **temperatura**

da cor seja relativa, em vez de um termo absoluto. Por exemplo, uma cor vermelha pode ser mais quente ou mais fria do que a cor que está ao lado dela.

E quanto às cores branca e preta? Ambas não estão presentes no círculo cromático, pois não têm posições diretas no espectro visual das cores. Quando se misturam todas as cores-pigmento, obtém-se uma cor escura, diferentemente de quando se misturam todas as cores-luz (obtém-se o branco). Assim, preto, branco e cinza não são consideradas cores verdadeiras (ou matizes), e sim cores neutras e acromáticas.

Ao adicionar branco às cores, aumenta-se o valor (torna-se a cor mais clara). Em outras palavras, criam-se matizes de cores. Por outro lado, o preto corresponde à ausência de cor (luz). Logo, ao adicionar preto às cores, diminui-se o valor (torna-se a cor mais escura) e criam-se outros tons de cores. Ou seja, ao adicionar branco ou preto a uma cor, reduz-se a saturação desta (ela se torna menos vívida). Embora o branco e o preto não tenham posições no círculo cromático, eles têm o poder de alterar o valor e a saturação das cores (e, também, a matiz em pequena medida, já que as tintas branca e preta geralmente apresentam uma ligeira tendência para outra cor).

É importante que você crie seu próprio círculo cromático – o melhor círculo para usar como referência é aquele gerado por você mesmo. A seguir, apresentamos um processo simples para que você possa fazer a própria roda de cores:

- **Etapa 1**: desenhe o contorno de um círculo simples em um quadro de tela ou em alguma outra superfície.

- **Etapa 2**: inicie pintando as cores primárias (vermelho, azul e amarelo), conforme exposto na Figura 3.7. Você deve usar as cores primárias de croma mais alto que tiver. Por exemplo, o vermelho de cádmio seria mais adequado do que o vermelho de alizarina. Coloque as cores primárias separadas em espaços iguais no círculo (supondo-se que você esteja criando um círculo de cores tradicional).

Figura 3.7 – **Disposição das cores primárias no círculo cromático**

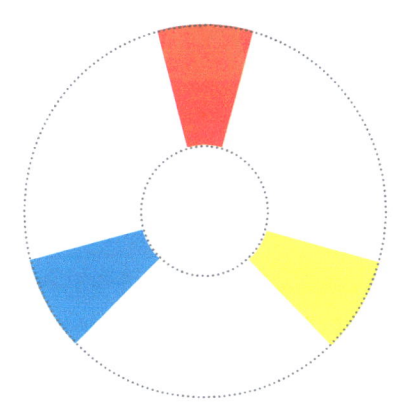

- **Etapa 3**: use as cores primárias para misturar e fazer as cores secundárias. Estas deverão ser posicionadas diretamente ao lado das cores primárias no círculo. Por exemplo, para compor a cor secundária verde, você deve combinar azul e amarelo (Figura 3.8).

Figura 3.8 – **Mistura entre duas cores primárias para gerar as cores secundárias**

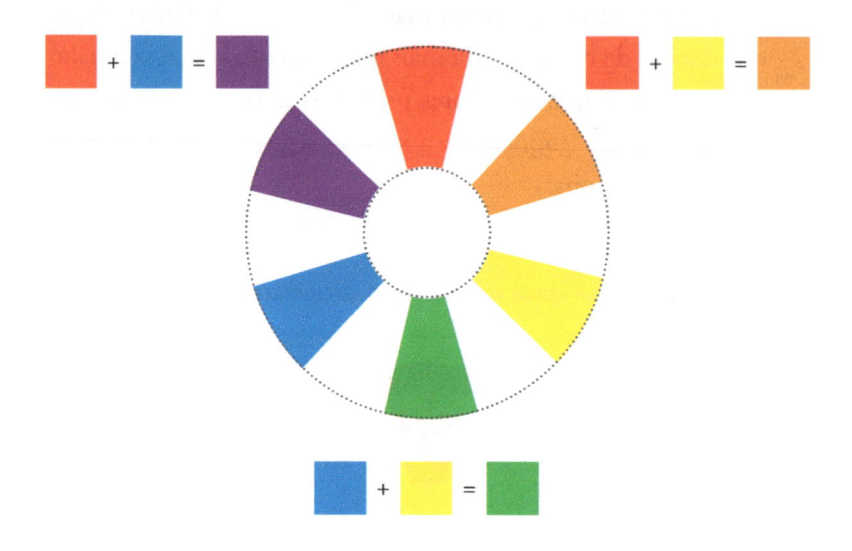

- **Etapa 4**: misture as cores primárias e secundárias para fazer as cores terciárias, as quais comporão todos os espaços restantes, preenchendo todo o círculo cromático (Figura 3.9).

Figura 3.9 – **Círculo cromático**

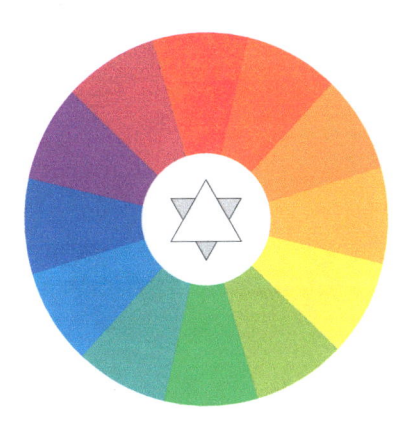

As limitações do círculo cromático comum são as seguintes:

- Não leva em consideração o branco e o preto (conforme mencionado).
- Não considera, também, a saturação da cor.
- O círculo cromático não é uma ciência perfeita, especialmente na pintura. As cores primárias vermelho, azul e amarelo não são realmente capazes de misturar todo o espectro visível de cores. Em vez disso, você deve considerar o círculo cromático meramente como um guia para auxiliar na mistura.

Da mistura de uma cor primária com uma cor secundária são geradas as cores terciárias, como o laranja-avermelhado, o verde-amarelado e o azul-esverdeado. Conforme descrito por Lupton e Phillips (2015), as cores complementares são aquelas que se situam em lados opostos no disco cromático, como no caso de vermelho e verde, azul e laranja, amarelo e lilás.

Figura 3.10 – **Cores complementares destacadas no círculo cromático: vermelho-verde (a), azul-laranja (b), amarelo-violeta (c)**

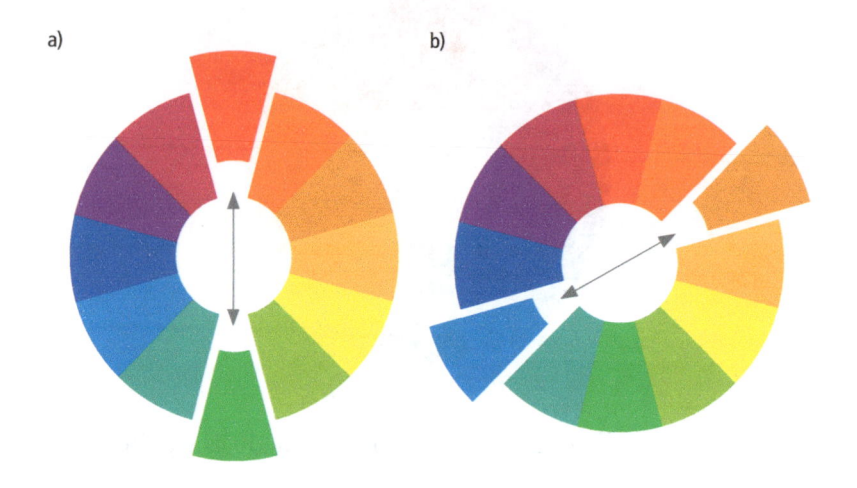

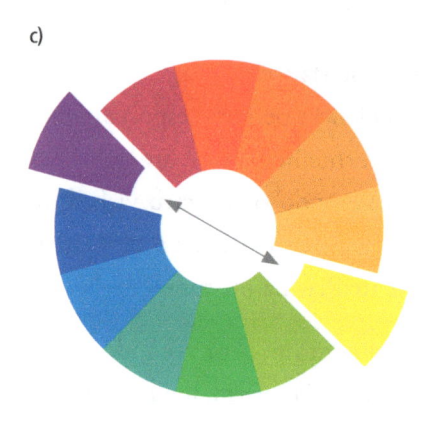

a)

b)

c)

Uma harmonia cromática expressa o equilíbrio dos elementos mais ativos da escala de tons. Normalmente, essa harmonia é confundida com a combinação de cores. Entretanto, existe algo que ultrapassa o simples acorde. As combinações das cores complementares vermelho/verde (Figura 3.10a), azul/laranja (Figura 3.10b) e amarelo/lilás (Figura 3.10c) formam contrastes e reciprocidade; a utilização de tais cores contrastantes em equilíbrio as torna mais potentes, principalmente quando são colocadas uma ao lado da outra. Doczi (1990) ressalta que os padrões gerados que se movem em direções opostas são frequentes na natureza, ou seja, são os processos da união dos opostos complementares, como sol e lua, macho e fêmea, eletricidade positiva e negativa, *yin* e *yang* etc.

3.3 Contraste e harmonia de cores

As cores estão em harmonia quando suas justaposições produzem uma unidade ou um equilíbrio satisfatório para o observador. Em outras palavras, a harmonia de cores pode ser definida como um conjunto de cores que produzem um efeito agradável quando vistas em conjunto. Atualmente, é de amplo conhecimento que, embora muitos atributos tenham influência na harmonia da cor, cores harmoniosas muitas vezes podem ser representadas como pontos em um sistema de cores que são distribuídos uniformemente.

Ao longo da história, muitos cientistas, artistas e teóricos da arte tentaram estabelecer algumas regras básicas de harmonia de cores. Uma das primeiras teorias da harmonia da cor incluiu os seguintes tópicos: cores com iguais matizes, mas com valor de croma ou luminosidade diferente; cores análogas; e cores complementares. Nessa perspectiva, o círculo cromático pode ser utilizado de forma a ajudar na escolha das cores e combinações harmônicas.

Para trabalhar bem as harmonias, é sempre aconselhável conhecer alguns termos ou conceitos relacionados às características da cor, o que abordaremos a seguir.

3.4 Características da cor

Uma cor é definida por três propriedades (Figura 3.11) importantes que têm a percepção humana como ponto de referência, isto é, elas dependem de como a cor é percebida:

1. **Matiz:** primeiro atributo da cor, refere-se ao resultado de nossa percepção da luz refletida. Ou seja,

> é a espécie de comprimento de onda da luz direta ou refletida que define as tonalidades das cores, por exemplo, o amarelo, o verde e o lilás são matizes. A palavra cor é empregada como sinônimo de matiz. Dessa forma, conclui-se que todas as cores são matizes, sejam primárias, secundárias ou terciárias. (Aidar, 2022a)

Os termos *valor* e *luminosidade* ou *brilho* são utilizados para fazer referência ao índice de luminosidade da cor, conforme ilustrado na Figura 3.11.

Figura 3.11 – **Propriedades da cor**

Matiz   Saturação   Valor tonal

2. **Croma ou intensidade/saturação**: o grau de pureza de uma cor ou matiz é percebido como saturação da cor, isto é, a capacidade de preservação de sua intensidade máxima. Uma cor tem a máxima saturação quando corresponde a seu próprio comprimento de onda no espectro – daí surgem os termos *vermelho-vivo*, *amarelo-puro* ou *amarelo-vivo*, *verde-puro* ou *verde-vivo*. O termo *chroma* (em grego, "cor") foi introduzido por Munsell como uma dimensão de seu sistema.

3. **Valor tonal ou tom**: corresponde à quantidade de luz presente na cor e é classificado em tonalidades claras e escuras. Dessa forma, segundo Aidar (2022a), quando se acrescenta preto a um matiz, ele fica com uma tonalidade mais escura; ao contrário, quando se acrescenta branco a uma cor, ela fica com uma tonalidade mais clara. Por exemplo, quando misturamos o vermelho e o branco, atingimos uma tonalidade mais clara, ou o matiz rosa. Por isso, em determinados casos, o tom é empregado como substituto de matiz.

A **luminosidade** ou **brilho** também se refere a um atributo da percepção visual por meio do qual uma área parece emitir ou refletir mais ou menos luz. Trata-se da capacidade da cor de refletir a luz branca, tornando o matiz mais claro ou mais escuro, independentemente de sua saturação. Por exemplo, a aparência da cor de um objeto verde pode ser mais brilhante e colorida quando este é exposto à luz do que quando está à sombra.

3.5 Harmonias cromáticas

As harmonias de cores são comuns na natureza. Algumas de nossas experiências de cores e o amor pela harmonia vêm dos gradientes das folhas de outono, da perspectiva proporcionada pela atmosfera (o ar), bem como das luzes e sombras que podem formar harmonias.

Usamos o termo *harmonia* por conta da característica dos conjuntos de cores que consideramos compatíveis, agradáveis, expressivas ou, pelo contrário, desagradáveis, dissonantes, ou seja, quando duas cores são colocadas juntas, observamos se elas chocam entre si ou o quanto elas se alteram ao entrarem em contato uma com a outra.

Nesse sentido, é importante enfatizar que a harmonia não é apenas agradável ou equilibrada; ela também pode ser dramática, tensa, alegre, sombria etc. Isso significa que o grupo de cores tem um certo poder expressivo. Segundo Nemcsics (1993), um conjunto de cores harmônicas bem editado pode ser considerado uma obra de arte em um nível elementar.

Segundo a definição que se revelou a mais útil, a condição de harmonia segue a ordem das escalas, a ordem das cores – um conjunto de tons que se seguem em uma ordem específica de acordo com o matiz – saturação – ou o valor tonal (ou, ainda, alguma combinação de ambos). A princípio, não existe nenhuma cor bonita ou feia em si; qualquer tom de cor, se colocado no local certo, pode ser harmonioso.

Experimentos mostraram que um conjunto de cores coletadas inteiramente ao acaso transmite a impressão de ser desordenado. Entre os elementos dos conjuntos de cores "atraentes" (ou seja, de que muitas pessoas gostam), podem ser detectadas regularidades. Por isso, podemos afirmar que há ordem e harmonia na variedade. A maioria dos estudos de harmonia tem priorizado, tradicionalmente, a ordem entre os matizes (conforme indicado pelas várias designações indicadas na lista a seguir) e atribui menos importância à ordem dos parâmetros de saturação-brilho, embora estes sejam bastante determinantes na formação da harmonia (Itten, 1992).

Apresentamos, na sequência, algumas possibilidades de harmonia realizadas com base no círculo cromático:

- **Harmonia monocromática**: é a harmonia consequente de matizes iguais ou semelhantes (Figura 3.12), isto é, que utiliza variações derivadas de uma mesma cor do círculo cromático. As tonalidades e luminosidades podem mudar, mas todas ficam no mesmo matiz. Na maioria dos *designs*, um esquema monocromático inclui uma combinação de matizes, tons e sombras da mesma família de cores (Figura 3.13a); algumas vezes, tal combinação é realizada junto com preto, branco e/ou cinza, para adicionar profundidade e contraste.

Figura 3.12 – **Harmonia monocromática**

A harmonia monocromática é carente de contraste, não sendo, portanto, tão vibrante como a de complementares. Embora possa parecer que esse seja o esquema mais fácil de se trabalhar, é um dos mais difíceis, porque, sem contraste de cor, o projeto de *design* pode parecer monótono ou desinteressante. A dica é empregar outras técnicas, como mudança de valor e intensidade, para tornar o projeto interessante.

Dessa forma, nesse modo de composição, com uma única cor (monocromática), é possível mesclar o preto, o branco e o cinza (Figuras 3.13b, 3.13c e 3.13d), cores que são sempre harmoniosas. Isso demonstra que a ordem simples cria uma harmonia óbvia. Conforme Nemcsics (1993), as harmonias monocromáticas são equilibradas, contêm uma atmosfera uniforme que se mantém numa composição.

A seguir, observe quatro casos de harmonias monocromáticas (Figura 3.13). Em (a), repare na harmonia monocromática em tons mistos de laranja e branco. A barra de cores não contém preto, por isso, ao utilizar essa harmonia em uma imagem, obtém-se uma impressão leve e serena. Já em (b), a harmonia monocromática está em tons de laranja, branco e preto (entre cinza-claro e marrom), sendo mais opaca e com um caráter "metálico" em virtude do cinza claro. Em (c), a harmonia monocromática se dá em tons de laranja, branco e preto (entre cinza-escuro e laranja-claro). Por fim, em (d), a harmonia monocromática ocorre com tons mistos de laranja e preto, a barra de cores não contém branco; assim, ao utilizar essa variação em uma imagem, cria-se uma impressão geral brilhante.

Figura 3.13 – **Harmonias monocromáticas**

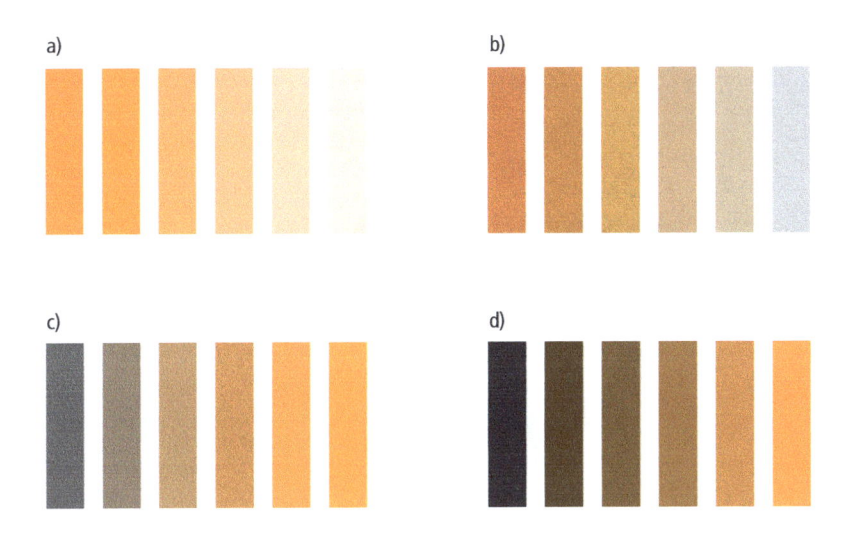

- **Harmonia de cores complementares**: cores opostas no círculo cromático são consideradas complementares (por exemplo, vermelho e verde) (Figura 3.14). O alto contraste de cores complementares cria uma aparência vibrante, especialmente quando usado em saturação total. Esse esquema de cores deve ser bem administrado, para que não seja agressivo.

Cores complementares são difíceis de usar em grandes doses, mas funcionam bem quando se quer destacar algo, sendo uma combinação de alto contraste, ideal para atrair a máxima atenção do espectador. Esse esquema é mais difícil de balancear do que os esquemas análogos ou monocromáticos, especialmente quando são utilizadas cores quentes não saturadas.

Figura 3.14 – **Harmonia de cores complementares**

- **Harmonia de cores análogas**: esse esquema usa cores próximas umas das outras no círculo cromático (Figura 3.15). Geralmente, as cores utilizadas combinam bem e criam *designs* serenos e confortáveis. Esquemas de cores análogas são frequentemente encontrados na natureza e são harmoniosos e agradáveis à vista.

Certifique-se de ter contraste suficiente ao escolher um esquema de cores análogas. Escolha uma cor para dominar e uma segunda para apoiar. A terceira cor é usada (junto com preto, branco ou cinza) como um acento. As harmonias análogas são tão fáceis de criar quanto as monocromáticas, porém são mais ricas. Um esquema de cores análogas carece de cor contrastante, não sendo uma harmonia tão vibrante.

Figura 3.15 – **Harmonia de cores análogas**

- **Harmonia triádica**: esse esquema usa três cores uniformemente espaçadas em cerca de 120 graus ao redor do círculo cromático (Figura 3.16). As harmonias triádicas tendem a ser bastante vibrantes, mesmo se utilizadas em versões pálidas ou insaturadas de seus tons. Para usar uma harmonia triádica com sucesso, as cores devem ser cuidadosamente equilibradas, deixando-se uma cor dominar e as outras duas para acentuar. A harmonia triádica oferece alto contraste, entretanto este não é tão vigoroso como o esquema complementar.

Figura 3.16 – **Harmonia triádica**

- **Harmonia das complementares divididas:** a divisão complementar é uma variação do esquema de cores complementares que se utiliza da cor oposta a elas no disco cromático, além de mais duas cores. Na realidade, usa-se um matiz e, depois, as duas cores de cada lado de seu complemento. Por exemplo, pode-se utilizar azul e lilás com amarelo ou, como na Figura 3.17, vermelho, azul-claro e verde-claro. Isso produz alto contraste sem a agressividade do esquema complementar. É muito versátil e cria um esquema agradável.

Essa harmonia tem um forte contraste visual, semelhante à harmonia de cores complementares, mas com menos tensão, porque três cores são usadas em vez de duas. Em sua combinação, tal esquema oferece maior variedade que qualquer das harmonias mencionadas, no entanto é mais difícil de ser trabalhado. A diferença está em não escolher a cor oposta, e sim seus dois vizinhos imediatos. É importante saber, contudo, que, no caso de uma harmonia com complementares divididas, as três cores apenas se harmonizam juntas. Quando se usam as duas cores das complementares divididas sem a cor principal, obtêm-se as chamadas *cores conflitantes*, que não apenas não criam harmonia sem a cor principal, como também degradam explicitamente o efeito geral. A harmonia das complementares divididas, portanto, significa que se deve dividir o complemento da cor principal em duas cores que são semelhantes ao complemento puro, mas são tão separadas que há uma diferença visível entre elas. Isso garante três cores que se harmonizam entre si.

Figura 3.17 – **Harmonia das complementares divididas**

- **Harmonia das complementares em quadrado**: é a harmonia criada por meio de quatro tons igualmente espaçados (90 graus) (Figura 3.18), ou seja, dois pares complementares e seus tons.

Figura 3.18 – **Harmonia das complementares em quadrado**

- **Harmonia das complementares em retângulo**: são duas duplas de cores complementares cruzadas, intercalando-se uma cor (Figura 3.19). Trata-se de uma harmonia bem contrastante, que produz efeitos interessantes.

Figura 3.19 – **Harmonia das complementares em retângulo**

- **Harmonia acromática**: é a harmonia obtida pela utilização de cores neutras (branco, cinza e preto) (Figura 3.20), ou seja, situadas na zona central do círculo cromático ou próximas ao centro, que perderam tanta saturação que não se aprecia, nessas cores, o matiz original. Os *designers* de interiores gostam de usar esquemas de cores acromáticos ao criar novos interiores, porque isso faz com que os quartos pareçam limpos e simples. Por vezes, uma cor de destaque é adicionada, geralmente em almofadas ou em objetos de arte, como quadros e outros acessórios.

Figura 3.20 – **Harmonia acromática**

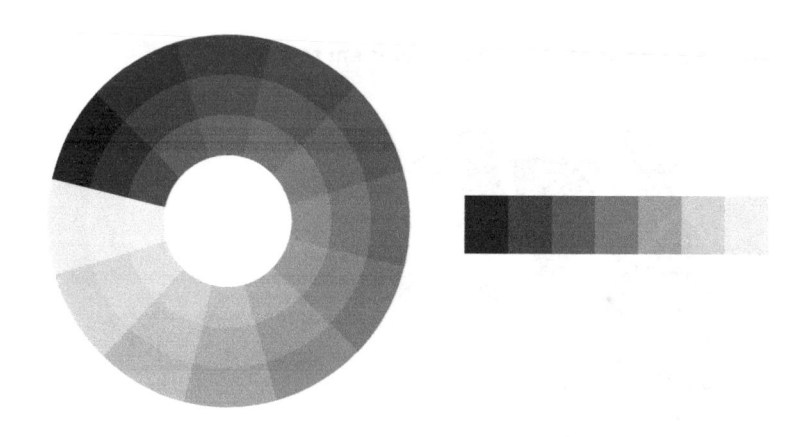

SÍNTESE

No presente capítulo, discorremos sobre a percepção e a formação das cores. Também mostramos que, partindo-se das cores primárias, é possível formar todas as outras. Apresentamos a importância do círculo cromático para o desenvolvimento do uso da cor em sua mais larga expressão. Além disso, descrevemos as caraterísticas da cor e adentramos no campo das harmonias cromáticas, seus efeitos visuais e sua aplicação. Dessa forma, buscamos proporcionar um entendimento geral sobre a classificação das cores.

QUESTÕES PARA REVISÃO

1. Quais são as cores primárias?

2. O que se entende por *harmonia cromática*?

3. Qual destas cores é considerada uma cor quente?

    a. Verde.
    b. Lilás.
    c. Vermelho.
    d. Azul.
    e. Branco.

4. Qual é a cor complementar do laranja?

    a. Vermelho.
    b. Verde.
    c. Marrom.
    d. Azul.
    e. Preto.

5. A cor lilás é a soma de:

    a. Vermelho com verde.
    b. Preto com branco.
    c. Azul com vermelho.
    d. Amarelo com azul.
    e. Laranja com vermelho.

QUESTÃO PARA REFLEXÃO

1. O mundo sem cores seria uma enorme tristeza, afinal, é com elas que nos comunicamos, representamos e reagimos perante nossas emoções (alegria, frieza, calor, amor, raiva, ódio etc.). Diante disso, reflita sobre a importância que as cores têm em sua vida.

agsandrew/Shutterstock

CAPÍTULO 4

SISTEMAS CROMÁTICOS

CONTEÚDOS DO CAPÍTULO:
- Sínteses aditiva, subtrativa e partitiva.
- Quadricomia.
- Sistemas RGB e CMYK.
- Temperatura das cores.

APÓS O ESTUDO DESTE CAPÍTULO, VOCÊ SERÁ CAPAZ DE:
1. entender que, na maioria das vezes, as cores são formadas por sínteses;
2. compreender como as cores são geradas em telas de computador;
3. utilizar os sistemas RGB e CMYK;
4. explicar que as cores podem representar temperaturas.

As cores correspondem a associações que são denominadas *sínteses*. As sínteses cromáticas são sistemas com os quais se consegue gerar o espectro de cores a fim de poder reproduzi-las (VB Cor Digital, 2011).

4.1 Síntese aditiva

A síntese aditiva é formada pela associação das três cores primárias (vermelho, verde e azul) – que, juntas, geram o branco – obtidas por meio de feixes luminosos de cores-luz. De acordo com Padilha (2009),

> Essas cores não possuem corpo material, existindo apenas quando as projetamos sobre uma superfície com o auxílio de alguma fonte luminosa, como um refletor. Nesta síntese partimos da ausência total de luz, caracterizada pelo preto, e vamos adicionando luminosidade até obtermos ponto máximo, ou seja, a luz branca. A síntese aditiva é aplicada em televisão, cinema, iluminação cênica e na fotografia.

A síntese aditiva, correspondente ao modelo RGB (em inglês, *red, green* e *blue*), constitui-se, portanto, em um processo físico-óptico, percebido por luzes nas telas de televisores ou em monitores de computadores.

Na mistura aditiva, as cores primárias – vermelho-claro, verde e azul – provêm de determinado refletor e surgem sobrepostas, fenômeno que produz a luz branca. Ao adicionar as radiações vermelha e verde, obtém-se o amarelo. Ou seja, quando os cones do olho são estimulados com as radiações de luz vermelha e verde simultaneamente, o observador vê o amarelo.

A quantidade de cores que, ao serem misturadas, podem ser formadas a partir das cores primárias depende da gradação das intensidades de cada cor-luz, que, por sua vez, depende da intensidade de cor disponível. Por exemplo:

- vermelho + verde = amarelo;
- vermelho + azul = magenta (roxo);
- verde + azul = ciano (azul);
- vermelho + verde + azul = branco;
- sem emissão = preto.

Cada uma das três cores-luz primárias pode ter uma tonalidade diferente, ou seja, uma intensidade. Dependendo do número de gradações das cores-luz usadas, ou misturadas, diferentes tonalidades de cores podem ser criadas. Se nenhuma cor-luz for emitida, será obtido o preto. Assim, a adição se aplica na medida em que as fontes de luz se somam, ou seja, quando os comprimentos de onda das três cores-luz primárias são adicionados (sobrepostos). Se as cores-luz básicas e mistas estiverem dispostas em um círculo, será obtido um círculo cromático que pode ser usado para demonstrar as leis da mistura de cores aditivas, quais sejam:

- Todas as cores do círculo cromático podem ser criadas misturando-se as três cores-luz primárias (vermelho, verde e azul).
- Misturar as três cores-luz primárias, com igual intensidade, cria o branco.
- Qualquer cor do círculo cromático pode ser criada misturando-se as duas cores adjacentes.

- As cores opostas no círculo cromático se misturam para produzir o branco (cores complementares).

4.2 Síntese subtrativa

O princípio subtrativo da mistura de cores é familiar ao da pintura com um pincel. Com a mistura de um número gerenciável de cores de tinta, obtêm-se quase todas as cores imagináveis. Teoricamente, a síntese subtrativa corresponde à combinação dos pigmentos puros das cores ciano, magenta e amarelo, que se combinam para produzir o preto.

Assim, a síntese subtrativa equivale ao padrão CMYK (*Cian, Magenta, Yellow, Black*), que é um processo físico-químico (utilizado nas tintas/pigmentos). Esse é o método utilizado para a impressão de material gráfico. Como todas as tintas de impressão contêm impurezas, essas três tintas combinadas não produzem o preto, mas o marrom, daí a necessidade de incluir o pigmento preto.

A mistura de cores subtrativas pode ser vista em superfícies pintadas. As cores dos pigmentos (tintas) absorvem (subtraem) todos os componentes da cor da luz incidente, exceto aqueles em cuja cor os vemos.

As cores secundárias da cor-luz são as cores primárias das cores do pigmento na pintura, pois todas as outras cores do círculo cromático são obtidas por meio da mistura subtrativa das cores amarelo, magenta e ciano.

Dessa forma, a mistura de cores subtrativas é usada tanto na impressão (impressão em quatro cores) quanto em impressoras comerciais e domésticas. Tintas e *toners* especiais desenvolvidos para esse fim transferem os pigmentos de cor para o papel ponto a ponto na proporção de mistura adequada.

Na prática, no entanto, isso não funciona tão bem. A produção de cores transparentes, por exemplo, causa grandes dificuldades. Afinal, os pigmentos devem ficar um em cima do outro, mas ainda brilhar totalmente sem perda. Outro problema é a contaminação inevitável, que falsifica o resultado da impressão mesmo em pequenas quantidades. As cores primárias não produzem o preto profundo esperado, mesmo na intensidade mais alta. A fim de corresponder às nossas experiências e expectativas de cores, a cor principal preta é, portanto, adicionada além do tingimento.

4.3 Síntese partitiva

A síntese partitiva corresponde à soma fisiológica das sínteses aditiva e subtrativa, resultando na cor-óptica. Nesse caso, as cores não são misturadas materialmente, mas por meio da impressão que causam ao se agruparem numa maior ou menor proporção sobre uma superfície. Um bom exemplo dessa síntese são os trabalhos dos pintores impressionistas (Padilha, 2009).

É a combinação de cores puras colocadas justapostas numa grande área que causa o efeito desejado, e não a mistura de tintas. Esse sistema tem como base as interações de cor que ocorrem quando se observa uma superfície dividida em pequenas áreas de cores específicas, a uma distância que não permita distingui-las, havendo uma mescla ótica das cores envolvidas, o que resulta em uma nova cor.

4.4 Quadricromia

O termo *quadricromia* é utilizado para denominar um padrão de cores também conhecido como CMYK, ou seja, as quatro cores das impressões gráficas. A sigla CMYK corresponde às cores ciano, magenta, amarelo e preto. A letra "K" costuma ser reconhecida erroneamente como *black*, em razão da presença de tal letra nessa palavra. Todavia, essa letra diz respeito à palavra *key* (chave), pois os processos de impressão CTP (*Computer to Plate*) usam uma placa-chave em que as outras três cores (ciano, magenta e amarelo) são equiparadas precisamente. Esse sistema de impressão (a tecnologia CTP) é muito utilizado, por ser um processo rápido e econômico.

4.5 As cores nas telas de computador

A cor de um monitor de computador ou de uma tela de TV resulta de um processo diferente daquele referente à cor que é refletida por um objeto qualquer. Um monitor ou tela de TV gera três cores-luz (vermelho, verde e azul), e todas as diferentes cores que vemos nelas são derivadas das distintas combinações e intensidades geradas a partir dessas três cores primárias.

Cada *pixel* da tela do computador é composto por três pequenos pontos (Figura 4.1), chamados de *células de fósforo*, cercados por uma máscara preta. Esses pontos separados produzem as luzes vermelha, verde e azul, respectivamente. As células de fósforo emitem luz quando são atingidas pelos feixes de elétrons produzidos pelos canhões de elétrons na parte traseira do tubo.

Figura 4.1 – **Pixel da tela do computador**

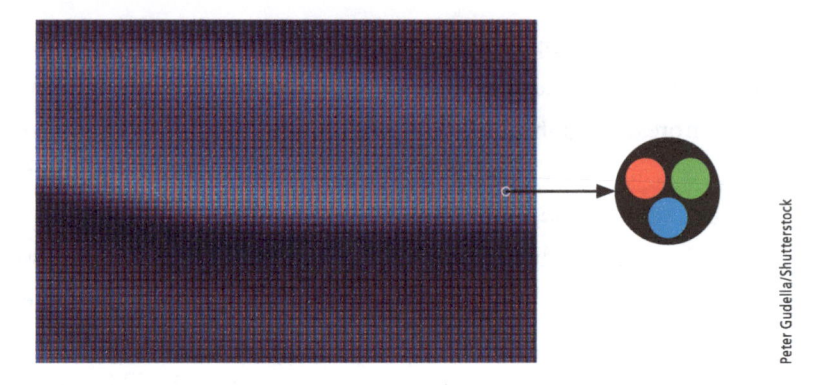

Peter Gudella/Shutterstock

Quando nenhum elétron atinge as células de fósforo da tela do computador, essas células não emitem luz, e a tela fica preta. Em uma seção branca de uma tela, todos os três fósforos são excitados e produzem luz com aproximadamente as mesmas intensidades relativas à luz do Sol, de modo que a luz parece branca. As partes cinzas da tela têm todos os três fósforos que produzem luz, mas em uma intensidade muito menor.

4.5.1 Os sistemas de cores dos computadores

Nos estudos de física, química, fisiologia, estética ou informática, a teoria das cores segue os mesmos preceitos básicos. No entanto, os códigos de linguagem utilizados sofrem variações, principalmente na prática das áreas artísticas ou científicas.

As siglas RGB, CMY ou CMYK são empregadas pela maioria dos programas de tratamento de imagem. O computador, por exemplo, trabalha simultaneamente com as cores-luz (vermelho, verde e azul) e com as cores-pigmento transparentes (ciano, magenta e amarelo) (Pedrosa, 2004).

Os sistemas RGB e CMY são relacionados, visto que as cores primárias de um são as secundárias do outro (estas são obtidas por uma mescla direta das primárias). Na tentativa de homogeneizar a produção das cores, surgiram inúmeros sistemas cromáticos de catalogação de tons, tais como o Trumatch, o Focoltone, o Pantone, o HKS, o Toyo, entre outros (Criarweb, 2018).

O sistema **Trumatch** é baseado nas cores CMYK e concebido por meio da organização numérica HSB, expressa pela combinação entre *hue* ou matiz (do vermelho ao violeta), *saturation* ou saturação (de cores intensas às cores pastéis) e *brightness* ou luminosidade (pelo acréscimo ou remoção do preto); assim, tal sistema conta com 50 famílias de matizes, cada uma subdividida em 40 tonalidades. Com isso, oferece mais de 2 mil cores correspondentes ao sistema CMYK, além de agregar tons de cinza (Pedrosa, 2004).

O sistema **Focoltone** também é baseado no CMYK, sendo formado por 763 cores. Já o sistema **Pantone** é utilizado, principalmente, para produzir cores específicas, exatas ou, ainda, que não podem ser obtidas pelo sistema CMYK (como tons fluorescentes ou cores como prata e dourado).

Por sua vez, o sistema **HKS** é o padrão utilizado na Europa e visa garantir uma impressão segura; nele, cada cor tem um tom equivalente ao sistema CMYK, porém sua impressão envolve mais custos. O sistema **Toyo** é baseado nas tintas de impressão usadas no Japão, englobando mais de mil cores.

Cabe ressaltar que, antes de os sistemas citados serem criados, o modelo cromático de Munsell já buscava ordenar matizes de maneira específica, a fim de facilitar a reprodução (Sousa, 2014).

4.5.2 Photoshop

O Photoshop é uma excelente ferramenta de processamento de imagens, com muitos recursos disponíveis. Na área de processamento de imagens (por exemplo, fotografia, *webdesign* e agências de publicidade), o *software* se estabeleceu como padrão para a indústria. Atualmente, a maioria dos recursos que são usados regularmente em plataformas de edição de imagens foram originalmente introduzidos no Photoshop.

Segundo texto presente na página da Adobe, a desenvolvedora do Photoshop, "Entender como as cores são criadas e como elas se relacionam uma com a outra permite trabalhar de maneira mais eficiente no Photoshop. Em vez de obter um efeito por acaso, você produzirá resultados consistentes graças ao entendimento dos conceitos básicos das cores" (Adobe, 2022b).

Embora tenha sido concebido para a edição de imagens para impressão em papel, o Photoshop está sendo usado cada vez mais para produzir imagens destinadas à *World Wide Web* (www).

O Photoshop suporta vários espaços de cor (*color spaces*). O espaço de cor é uma variante de um modelo de cor e tem uma gama de cores ou escala de cores (*gamut*) específica. Por exemplo, no modelo de cores RGB, há vários espaços de cores:

- sRGB (ponto branco = D65) – RGB no Photoshop;
- Lab (ponto branco = D50);

- CMYK;
- escala de cinza (*grayscale*).

Assim, a maioria dos programas de tratamento de imagens trabalha simultaneamente com as cores-luz (aditivas – vermelho, verde e azul) e as cores-pigmento transparentes (subtrativas – ciano, magenta e amarelo). Nos monitores de computador, é utilizada a adição de partes iguais de luzes vermelha, azul e verde para produzir a cor branca. A ausência completa de tais luzes resulta na cor preta.

Caso você ainda não esteja familiarizado com o ajuste dos componentes de cor, aconselhamos que tenha em mãos um diagrama do círculo cromático padrão para trabalhar com equilíbrio de cores. Com o auxílio do círculo cromático, é possível prever como a alteração em um componente de cor afeta as outras cores e como as alterações são convertidas entre modelos de cores RGB e CMYK.

Por exemplo,

> é possível diminuir a intensidade de qualquer cor em uma imagem, aumentando a intensidade de seu oposto no disco de cores e vice-versa [...]. Da mesma forma, é possível aumentar e diminuir uma cor ajustando as duas cores adjacentes no disco ou até mesmo ajustando as duas cores adjacentes à cor oposta.
>
> Em uma imagem CMYK, é possível reduzir a cor magenta reduzindo a quantidade dessa cor ou aumentando o seu complemento, a cor verde (a cor no lado oposto ao magenta no disco de cores). Em uma imagem RGB, pode-se reduzir a cor magenta removendo vermelho e azul ou adicionando verde. Todos esses ajustes resultam em um equilíbrio de cores geral com menos magenta. [...]
>
> Um modelo de cor descreve as cores visíveis e trabalha com essas cores em imagens digitais. Cada modelo de cor, como RGB, CMYK ou HSB, representa um método diferente (geralmente, numérico) para descrever a cor. [...]

Cada dispositivo, como o monitor ou a impressora, tem um espaço de cores próprio e pode reproduzir cores apenas nesse gamut. Quando uma imagem é movida de um dispositivo para outro, as cores da imagem podem ser alteradas, porque cada dispositivo interpreta os valores RGB ou CMYK de acordo com o seu próprio espaço de cores. Você pode usar o gerenciamento de cores quando mover imagens, para assegurar que a maioria das cores é a mesma ou bastante semelhante, o suficiente para terem uma aparência consistente. (Adobe, 2022b)

Cabe acrescentar que

Os sistemas de cores utilizados nos dias de hoje, são tentativas de padronização das tonalidades existentes da cartela de cores para facilitar o mercado em suas diferentes frentes de atuação. [...] Como a cor é um sinal interpretado pelo cérebro (fisiológico), é comum haver discordâncias com relação a tonalidades e cores [...]. Para o mercado, a padronização é fundamental e, por isso, diferentes tipos de **sistemas de cores** foram criados na tentativa de organizar as referências às existentes. (Creative Blog, 2016, grifo do original)

No próximo capítulo, trataremos com mais detalhes dos sistemas de cores em computadores.

4.5.3 Sistema RGB

O sistema RGB foi "criado para reprodução de cores em aparelhos eletrônicos e os diferentes modelos de tela. O RGB está presente em praticamente todos os dispositivos conhecidos atualmente, TVs, monitores de computador, telas de notebooks, câmeras digitais, escâneres, aparelhos celulares, etc." (Creative Blog, 2016).

Esse sistema foi escolhido pelo fato de advir de cores primárias (Figura 4.2) e de suas misturas ocasionarem outras cores. Além disso, sua origem tem como base o triângulo de cores de James C. Maxwell, matemático escocês do século XIX (Creative Blog, 2016).

Figura 4.2 – **Sistema de cores RGB**

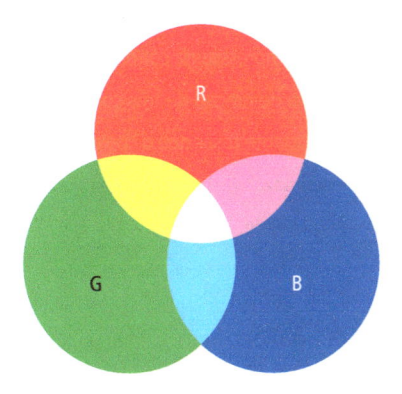

O sistema RGB

permite gerar até 16 milhões de cores, além de contrastes que podem ser resultantes de outras aplicações. As cores são definidas através de uma escala, variando de zero a 255, para cada uma das cores. Exemplo: as três cores (vermelho, verde e azul) configuradas na escala zero resultam na cor preta, e o contrário, com as três cores em 255, resultam na cor branca. (Creative Blog, 2016)

4.5.4 Sistema CMYK

O sistema CMYK (Figura 4.3) é utilizado em impressões, seja em impressoras domésticas ou gráficas profissionais, como, por exemplo, serigrafia, fotolito. Tem como suas cores principais as opostas ao sistema RGB: Ciano/Vermelho, Magenta/Verde e Amarelo/Azul. O preto se inclui ao sistema por mais de um motivo: primeiro, é produzido através da mistura das cores anteriores; textos finos impressos na cor preta não seriam possíveis na junção de cores; além disso, o custo de junção de três cores para preto versus somente o preto é muito maior. É importante frisar que o computador simula o sistema CMYK através do RGB, mas devido a fatores como a aderência da tinta no papel, é normal haver discrepância. (Creative Blog, 2016)

Figura 4.3 – **Sistema de cores CMYK**

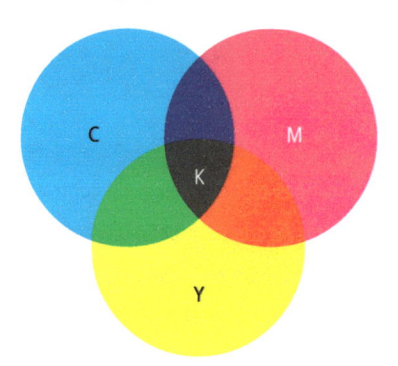

4.5.5 As cores no Photoshop

O Photoshop se utiliza de cinco modos diferentes para trabalhar as cores. De acordo com a Adobe (2022a), "O modo de cores, ou o modo de imagem, determina como os componentes de uma cor são combinados com base no número de canais de cores no modelo de cores. Os modos de cores incluem os tons de cinza, RGB e CMYK, dentre outros".

O Photoshop oferece elementos de suporte aos modos de *bitmap*, tons de cinza, indexado e cores RGB. Por exemplo, usa-se o modo de cores CMYK para imagens impressas em um folheto totalmente colorido, ao passo que o modo RGB é utilizado para imagens na *web* ou via *e-mail*, com o objetivo de reduzir o tamanho do arquivo enquanto mantém a integridade das cores.

Mais detalhes sobre o sistema Photoshop serão abordados no próximo capítulo.

4.6 Cores-pigmento

A cor-pigmento é proveniente da absorção de luz, ou seja, a cor visível que não foi absorvida pelo objeto. As cores-pigmento podem ser divididas em opacas e transparentes:

- **Opacas – RYB**: trata-se de um sistema

  bastante usado nas artes plásticas, fabricações caseiras, tecelagem e etc. As cores primárias são o amarelo, o azul e o vermelho (RYB – red, yellow e blue). A mistura das três cores produz o cinza através da síntese subtrativa. O sistema RYB necessita da adição da cor branca (para clarear) e do preto (para escurecer). Este sistema não possui outro sistema equivalente (como acontece do caso do RGB e CMY), por isso não é possível fazer uma conversão exata para nenhum outro sistema, no máximo uma aproximação. (Arty, 2022)

- **Transparentes – CMYK:** segundo Arty (2022),

É o sistema usado por impressoras, gráficas, artes gráficas, etc. É a versão industrial do CMY que é o sistema oposto físico/matemático ao RGB. [...] a mistura das três cores produz o cinza através da síntese subtrativa. O sistema, óbvio, utilizado é o CMYK. [...] A adição do preto se deve ao fato de que embora a mistura das cores ciano, magenta e amarelo, produzam um cinza bem próximo ao preto, ele ainda assim é inviável em questões de materiais (gasto com cores e papéis) e insatisfatório em questões de qualidade no acabamento.

4.7 Temperatura de cores

Wilhelm Wundt (1832-1920), médico, filósofo e psicólogo alemão, percebeu que as cores podem provocar diversas sensações térmicas e estabeleceu a divisão delas em dois grupos distintos. Assim, o círculo cromático pode ser separado em cores quentes e frias (Figura 4.4). Na realidade, essa questão é subjetiva e tem muito mais relação com as experiências e percepções do observador.

Figuras 4.4 – **Círculo cromático**

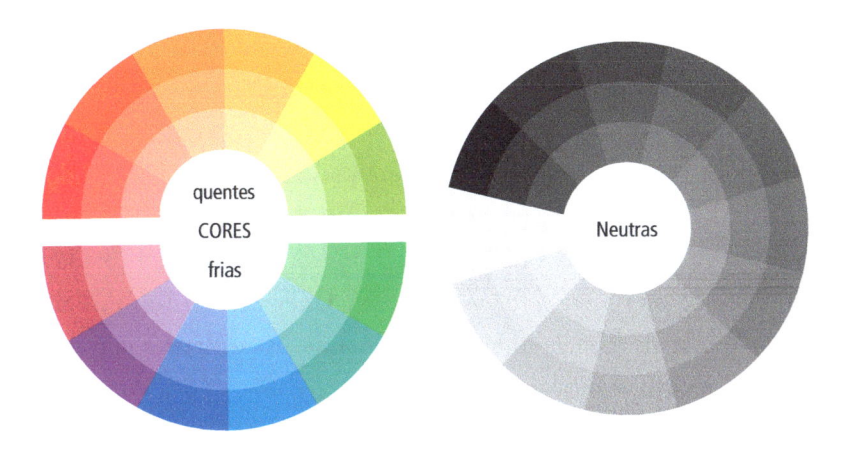

- **Cores quentes**: "são as cores em que o vermelho e o amarelo predominam. São chamadas de quentes porque criam uma sensação de calor, proximidade e estão associadas ao sol, ao fogo, etc." (Arty, 2022). As cores quentes são vivas e enérgicas e tendem a avançar no espaço. Sugerem luz, calor e fogo, proporcionando uma sensação de atividade e dinamismo.
- **Cores frias**: são "as cores em que o azul e o verde predominam. Estão associadas ao gelo, a água, e criam sensações calmas, de frescor e de tranquilidade" (Arty, 2022). As cores frias dão uma impressão de calma e criam uma sensação relaxante (Aidar, 2022c).

A questão da temperatura é relativa e depende da combinação feita. Por exemplo, se o amarelo é aplicado com o vermelho, sua temperatura parece diminuir, mas, ao ser combinado com o azul, o vermelho é percebido como mais quente. Com base nessa classificação, surgiram as escalas de cores quentes e frias, conhecidas como *escalas em modo maior* e *em modo menor*, respectivamente. Segundo Pedrosa (2004), tais escalas revelam as qualidades de harmonização por tonalidades afins ou harmonias consonantes, denominadas *combinação tom sobre tom* (*ton sur ton*). Chevreau fez um estudo completo sobre esse assunto, determinando os contrastes simultâneos, sucessivos e mistos (Pedrosa, 2004).

- **Cores neutras:** são cores que não são influenciadas nem influenciam nenhuma outra, em razão da pouca energia que têm, tais como preto, branco e todas as cores que, por dessaturação, tendem a essas duas.
- **Cores complementares:** conforme Arty (2022),

> a cor complementar de uma primária é a soma das duas outras primárias em proporções iguais, ou seja, uma cor secundária. São as combinações que tem mais contraste: vermelho e verde, azul e laranja e amarelo e violeta. Para encontrá-las, no círculo cromático, é só verificar aquela cor que está na posição diretamente oposta a cor escolhida.
>
> As cores complementares, se misturadas, resultam no ponto final de cada síntese, ou seja, branco na síntese aditiva e preta na síntese subtrativa.

Na Figura 4.5 estão em destaque as cores complementares: o azul (cor primária) e sua complementar, o laranja (secundária).

Figura 4.5 – **Círculo cromático com destaque das cores complementares azul e laranja**

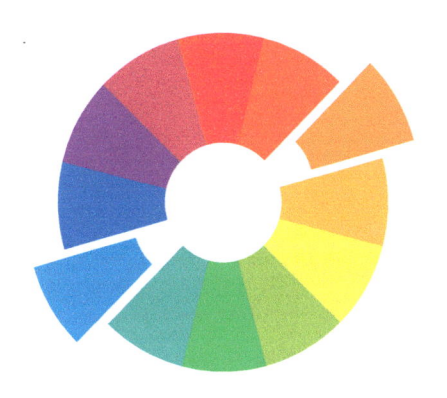

SÍNTESE

Neste capítulo, vimos como as cores são utilizadas em aparelhos de televisão e quais são os sistemas mais utilizados no mundo: RGB e CMYK. Mostramos ainda que, para obter cores específicas, é necessário compreender o que são sínteses cromáticas. Também vimos que as cores representam temperaturas.

QUESTÕES PARA REVISÃO
1. O que é uma síntese aditiva?
2. Quais cores correspondem ao sistema CMYK?
3. Qual destes sistemas cromáticos é falso?

a. Trumatch.
b. Folcotone.
c. IBGE.
d. Pantone.
e. HKS.

4. As telas de computador usam quais destes conjuntos de cores?

    a. Vermelho – amarelo – verde.
    b. Azul – lilás – magenta.
    c. Vermelho – verde – azul.
    d. Verde – azul – amarelo.
    e. Vermelho – laranja – azul.

5. No processo físico-óptico, qual destas duplas não é considerada cor?

    a. Verde – azul.
    b. Preto – vermelho.
    c. Branco – verde.
    d. Preto – branco.
    e. Amarelo – marrom.

QUESTÃO PARA REFLEXÃO

1. Reflita sobre como seria possível promover o desenvolvimento do sistema televisivo sem os estudos de Goethe e o quanto ainda vamos progredir nesse campo.

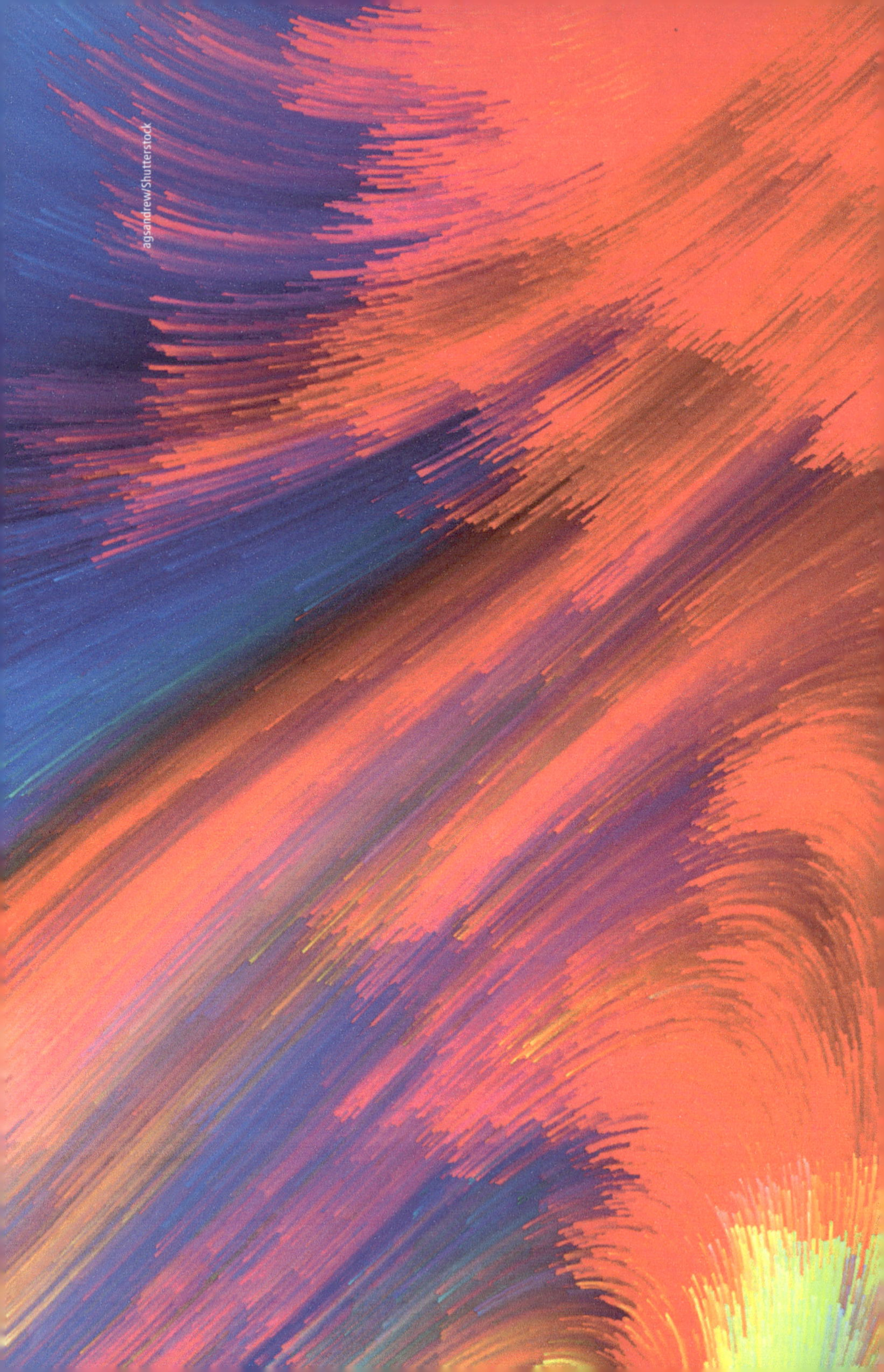
agsandrew/Shutterstock

CAPÍTULO 5

APLICAÇÃO DA COR

CONTEÚDOS DO CAPÍTULO:
- Processos de impressão.
- Misturas de cor aditiva.
- Cores primárias aditivas.
- Cores primárias subtrativas.

APÓS O ESTUDO DESTE CAPÍTULO, VOCÊ SERÁ CAPAZ DE:
1. compreender os processos utilizados nas mais diversas formas de impressão;
2. trabalhar com cores aditivas e subtrativas;
3. aplicar as cores em impressões;
4. entender o que é o espaço colorido.

Todas as impressoras comerciais usam o método do processo de quatro cores para projetos que contêm *designs* ou fotografias multicoloridas. Isso inclui livros, catálogos, manuais, revistas, brochuras, cartões-postais e quaisquer outros itens impressos que apresentem imagens coloridas. Em razão de seu amplo uso em impressão *offset* e digital, o processo de quatro cores é muito mais acessível hoje do que no passado.

5.1 Processos de impressão

O processo de quatro cores é frequentemente chamado de *impressão CMYK*, sendo conhecido também como *impressão em quatro cores*, *4CP*, *impressão em cores* ou, simplesmente, *processo de impressão*.

Imagens coloridas são criadas na impressora por meio da aplicação de camadas separadas das tintas nas cores ciano, magenta, amarela e preta. Milhares de cores podem ser reproduzidas pela sobreposição dessas cores em várias concentrações. Aplicadas como pequenos pontos no papel (ou outro substrato), as quatro cores (CMYK) combinam-se para criar o efeito visual que conhecemos como *impressão colorida*.

A primeira vez que documentaram uma impressão foi há cerca de 1.800 anos, na China. Ao longo dos anos, essa tecnologia alçou avanços extraordinários, com o último método de impressão na forma de impressão digital.

Até o início dos anos 1980, quase ninguém tinha um computador pessoal ou de escritório; as poucas pessoas que faziam cópias impressas (impressões) utilizavam impressoras matriciais. Tais máquinas, relativamente lentas, faziam um barulho estridente, porque usavam uma grade de minúsculas agulhas de metal, pressionadas contra uma fita com tinta, para formar letras, números e símbolos na página. Elas imprimiam cada caractere individualmente, linha por linha, a uma velocidade típica de cerca de 80 caracteres (uma linha de texto) por segundo, de modo que uma página levava aproximadamente um minuto para ser impressa.

Os cinco principais processos de impressão são diferenciados pelo método de transferência de imagem e pelo tipo geral de suporte de imagem empregado. A depender do processo, a imagem impressa é transferida para o substrato direta ou indiretamente.

Na impressão direta, a imagem é transferida diretamente do suporte da imagem para o substrato. Exemplos de impressão direta são processos de gravura, flexografia, serigrafia e impressão tipográfica.

Já na impressão indireta ou *offset*, a imagem é, primeiramente, transferida do portador de imagem para o cilindro da planqueta e, em seguida, para o substrato. A litografia constitui-se em um processo indireto (*offset*) e é a tecnologia de impressão dominante.

Atualmente, há uma grande variedade de tecnologias usadas para imprimir revistas, livros, jornais, artigos de papelaria, pôsteres, embalagens e outros produtos.

Quando se trata de processos de impressão profissional, existem três tipos principais:

1. impressão *offset* litográfica;
2. impressão digital;
3. impressão de tela.

5.1.1 Impressão *offset* ou litográfica

A impressão *offset* foi aperfeiçoada em 1875 por Robert Barclay, um inglês que originalmente usou esse método para imprimir em lata. Só mais tarde, em 1904, Ira Washington Rubel usou a impressão *offset* para imprimir em papel.

Na impressão *offset* ou litográfica, a imagem (sua arte) é transferida para placas de metal e, em seguida, para uma manta de borracha. Depois, as mantas com tinta transferem a imagem para o papel. Esse processo é chamado de *deslocamento*, pois a tinta é, primeiramente, transferida da chapa para a blanqueta, em vez de ir diretamente para o papel, em virtude do tempo e dos custos necessários para a configuração. A impressão *offset* não é econômica para pequenas quantidades e, normalmente, só é usada quando volumes muito grandes são necessários.

5.1.2 Impressão digital

Com duas empresas no controle da indústria (jato de tinta e xerografia), a impressão digital foi introduzida pela primeira vez em 1991. A impressão digital pode ser feita de várias maneiras, porém três tecnologias dominam a indústria:

1. **Jato de tinta**: em uma impressora a jato de tinta, a imagem que precisa ser impressa é criada por pequenas gotas de tinta impulsionadas pelos bicos de uma ou mais cabeças de impressão. Os dispositivos a jato de tinta podem imprimir em uma ampla variedade de substratos, como papel, plástico, tela ou,

até mesmo, portas e ladrilhos. Essa impressão é muito usada em pôsteres. Trata-se de uma forma econômica para publicações de tiragem curta, como álbuns de fotos ou pequenas tiragens de livros. As impressoras a jato de tinta em linha, algumas vezes, são combinadas com outros tipos de impressoras para imprimir dados variáveis, tais como endereços de correspondência em malas diretas. Além disso, elas têm vários bicos, sendo que cada um solta pequenas gotas de tinta que correspondem à imagem digital. A jato de tinta é a impressora doméstica comum, isto é, que usamos em nosso dia a dia. Assim, graças aos avanços da tecnologia, a impressão deixou de ser uma possibilidade "de luxo".

2. **Impressoras xerográficas ou fotocopiadoras:** imprimem imagens por meio do uso de carga elétrica. O tambor de metal cria uma carga para atrair partículas de *toner*. Depois, tais partículas são transferidas para a mídia que está sendo impressa.

3. *Laser:* esse tipo de impressora produz uma cópia permanente das informações do computador em um pedaço de papel. Uma impressora a *laser* compacta não parece muito diferente de uma a jato de tinta, mas coloca a tinta na página de maneira completamente diferente. Uma impressora a jato de tinta usa calor para esguichar gotas de tinta úmida de tubos quentes em forma de seringa, enquanto uma impressora a *laser* usa eletricidade estática para transferir um pó de tinta seca chamado *toner*. As impressoras a *laser* são muito parecidas com fotocopiadoras e usam a mesma tecnologia básica. Na realidade, as primeiras impressoras a *laser* foram construídas a partir de fotocopiadoras modificadas. Em uma fotocopiadora, uma luz forte é usada para fazer uma cópia exata de uma página impressa. A luz é refletida na página

por um cilindro fotossensível, a eletricidade estática faz com que partículas de tinta grudem no tambor, e a tinta é, então, transferida para o papel e "fundida" em sua superfície por rolos quentes. Uma impressora a *laser* funciona quase exatamente da mesma maneira, mas há uma diferença importante: não há uma página original para copiar. Assim, a imagem digital é gerada a partir de um mapa de *bits* armazenado na memória da impressora que modula o feixe de *laser*. A digitalização é mecânica, ou seja, um motor de alta velocidade gira o espelho de deflexão multifacetado para obter o eixo X, e o papel se move para obter o eixo Y.

5.1.3 Serigrafia

A serigrafia como a conhecemos existe desde o início do século XX e é usada para a impressão de tecidos, madeira, vidro etc. A imagem é transferida para uma malha fina, e as áreas a serem deixadas em branco são cobertas com um substrato. O processo de impressão envolve empurrar a tinta através das aberturas da malha até o material.

Os três processos citados (*offset*, digital e serigrafia) são os métodos de impressão mais comuns utilizados atualmente, permitindo a impressão de documentos, relatórios, certificados e outras mídias essenciais.

5.2 Aplicação da cor em produtos

Se para os projetos de *design* a cor é um elemento imprescindível, fundamental também é criar combinações com diferentes tonalidades de cores. Cada cor tem um significado, e as possibilidades são infinitas. Se você souber utilizar bem as cores, elas trabalharão para você.

De pequenos objetos eletrônicos a grandes aeroportos, a cor desempenha um papel poderoso. Infelizmente, ela está apenas começando a ser reconhecida como um componente crítico na usabilidade. A seguir, apresentamos algumas das muitas maneiras pelas quais as cores podem ser usadas corretamente.

No campo do *marketing*, a psicologia aplicada à publicidade trata habilmente dos sentidos do ser humano. Na área das embalagens, as cores desempenham um papel de extrema importância, pela enorme influência que exercem, o que faz com que essa esfera envolva muitos estudos. Se a embalagem de um produto que está na prateleira do supermercado não tiver um elemento chamativo, ela se manterá entre milhares de outros itens. O desejável, porém, é que a atenção e o interesse dos clientes sejam conquistados continuamente.

As cores criam associações com os consumidores, que podem desenvolver imagens positivas da marca, desde que elas sejam utilizadas corretamente. Cores selecionadas incorretamente podem reduzir o impacto dos produtos e a atenção de possíveis clientes. Na pior das hipóteses, podem, até mesmo, gerar um impacto negativo nas vendas.

A cor envia sinais ao cérebro da pessoa, levando-a a comprar produtos ou a evitar a compra. Portanto, é extremamente importante que qualquer empresa use as cores a seu favor, valendo-se de esquemas de cores para atrair clientes potenciais. Ainda, muitas vezes, a cor pode ser a única razão pela qual alguém quer comprar um produto. Pesquisas realizadas com usuários demonstram que 93% dos compradores se concentram na aparência visual do produto (Zylberglejd, 2017).

Já foram feitas inúmeras tentativas de classificar a forma como as pessoas reagem individualmente a diferentes cores. Mas a verdade é que a cor depende muito de experiências pessoais para ser universalmente traduzida em sentimentos específicos. As pesquisas mostram que preferências pessoais, experiências, nível de educação, diferenças culturais e o contexto turvam o efeito que as cores têm sobre as pessoas individualmente. Assim, como as cores têm tantos significados diferentes, é importante que o *designer* combine os modelos mentais de cores que ele em com os de seu público-alvo (Zylberglejd, 2017). Nessa perspectiva, é necessário recorrer a uma paleta específica. Pense em suas marcas e produtos favoritos e considere de que maneira as cores predominam neles. Os logotipos exibem um vermelho brilhante? Ou você é uma pessoa que gosta de cores neutras, como preto e branco? Talvez você prefira amarelo e, nesse caso, sinta-se atraído por empresas que utilizam essa cor.

Estudos desenvolvidos sobre a percepção e as preferências de cores (Hassani; Sadeghpour; Alavi, 2018; Zylberglejd, 2017; Akcay; Sun, 2013; Akcay; Dalgin; Bhatnagar, 2011; Baxter, 2011; Lobue; Deloache, 2011; Kauppinen-Räisänen; Luomala, 2010) mostram que, quando se trata de tonalidades, matizes e saturação, os homens geralmente preferem cores fortes, enquanto as mulheres preferem as mais suaves. Além disso, os indivíduos do sexo masculino são mais propensos a selecionar tons de cores escuras como seus favoritos (cores com preto adicionado), ao passo que as mulheres são mais receptivas a tons de cores claras (cores com branco adicionado). Vale lembrar que, em geral, as mulheres têm melhor percepção das cores do que os homens.

Ainda, tais pesquisas indicam as diferenças nas áreas cerebrais entre ambos em contato com os tons de azul. Ademais, cores quentes parecem mais quentes aos homens do que às mulheres. Por exemplo, eles veem o laranja mais avermelhado do que elas. As mulheres podem diferenciar os tons de verde, amarelo e azul melhor do que os homens.

O vermelho representa domínio. Os estudos citados fornecem muito conhecimento sobre o fato de que essa cor conduz pessoas a clicar ou comprar imediatamente. No comércio, as placas para campanhas de desconto costumam estar em um fundo vermelho com letras brancas.

Existe um equívoco relacionado a certas afirmações concisas sobre as cores, como "verde significa calma". Em determinados contextos, essa cor é usada para simbolizar questões ambientais e, em outros, para designar espaços financeiros, sendo relacionada ao dinheiro. Em outros tempos, ainda, o verde era psicologicamente identificado como o crédito forte e estável do governo – por isso, foi usado na fabricação das notas de dólar. Outro exemplo é a cor marrom, que tanto pode ser útil como um apelo de robustez quanto, em outros contextos, pode ser usada para criar uma sensação calorosa e convidativa ou, ainda, para despertar o apetite, como em comerciais de chocolate. Mas há muito o que aprender e considerar, ao aceitarmos que respostas concretas não são uma garantia. Por isso, a chave é procurar maneiras práticas de tomar decisões adequadas sobre cores.

Por meio dos estudos em psicologia das cores, descobriu-se que visualizar o amarelo, o laranja e o vermelho deixa as pessoas com fome. Isso explica por que as cores quentes são encontradas, frequentemente, em embalagens de produtos alimentícios. Na realidade, ao olhar para o vermelho ou o amarelo e o verde combinados, as papilas gustativas são estimuladas de tal forma que a salivação aumenta. As cadeias de *fast food* sabem como fazer um uso inteligente disso.

A percepção do paladar também é influenciada não apenas pela cor do alimento, mas também pela embalagem ou pelos pratos nos quais ele é consumido. Por exemplo, a cor dos copos plásticos afeta a percepção do frescor da água mineral – é assim que ela parece mais fresca em um copo azul ou verde. Já o chocolate quente fica mais gostoso em um recipiente de cor laranja ou creme do que em uma caneca branca.

Uma paleta de cores é sempre o resultado de uma inspiração momentânea e, na maioria das vezes, isso vem de uma abordagem sistemática. A escolha da cor e da combinação de cores dos produtos pode ser ancorada na mente dos consumidores por meio de posicionamento e de temas direcionados. Dessa forma, com o auxílio de uma narrativa extensa, uma cor pode representar um produto e destacar-se entre os vários concorrentes. A marca Milka, por exemplo, da empresa alimentícia americana Mondelēz, desenvolveu a cor violeta em uma associação perfeita entre o chocolate Milka e essa cor e, ao longo de anos, firmou uma narrativa consistente.

Para criar uma boa paleta de cores, procure obter respostas para as seguintes perguntas:

- Qual é o público-alvo (fundamental)?
- Qual é a mensagem que você deseja transmitir em seu projeto de *design*?
- Qual é o propósito de seu projeto? O que você deseja informar e defender?
- Quais emoções você deseja que seu *design* provoque?

As respostas servirão como um guia para escolher a melhor paleta. Em vista disso, algumas dicas podem ser de grande valia para ajudar na escolha das cores e dos efeitos visuais:

- Torne os elementos gráficos mais realistas.
- Procure sombrear e destacar objetos com cores complementares (duas cores que estão em lados opostos no círculo cromático) para produtos mais chamativos.
- A mesclagem e o envidraçamento com cores complementares parecem realistas.
- Se estiver trabalhando com uma embalagem que foi preenchida com amarelo, uma dica é tirar o lilás e sombrear com ele, mas não o torne supersaturado; caso contrário, parecerá errado.
- Não exagere com as cores, ou seja, tome cuidado ao escolhê-las.
- Existem muitos esquemas de cores para escolher, mas não tente usar todos eles de uma vez.
- Gere muitas variantes de esquemas cromáticos que, em sua opinião, funcionariam. Você poderá, intuitivamente, ter uma boa noção da cor primária do produto e do clima que deseja alcançar.
- Então, experimente muitas opções, até encontrar a combinação perfeita do esquema de cores. Esteja ciente de como as cores dos produtos interagem entre si quando estão próximas, uma vez que

a cor de um produto pode afetar a de outros produtos/objetos e gerar uma mistura de cor desagradável.
- A luz é tingida ao refletir nas superfícies. Por exemplo, se você tiver um elemento arredondado em um logotipo de fundo branco e colocar perto de um fundo vermelho, verá alguma ilusão vermelha. A textura e a opacidade do objeto também influenciam nisso.
- Use cores neutras no plano de fundo da composição. Tais cores (como preto, branco, cinza e, por vezes, marrom e bege) são comumente combinadas com cores que têm um destaque mais brilhante. No entanto, elas também podem ser usadas sozinhas no *design* do produto e favorecer a criação de *layouts* muito sofisticados.
- As impressões das cores neutras são muito mais afetadas pelas cores que as cercam do que as cores quentes (vermelho, laranja, amarelo e suas combinações) ou frias (azul, verde, roxo e suas combinações). Por isso, utilize um círculo cromático para entender como as cores funcionam. Comece com vermelho, amarelo e azul – as cores primárias. Use as mesmas tonalidades para gerar as cores secundárias. Em seguida, faça as cores terciárias, misturando as primárias com as secundárias mais próximas. Por exemplo, misture amarelo com verde para fazer amarelo-esverdeado, ou verde com azul para fazer verde-azulado.
- A teoria das cores ajuda a compreender a relação entre elas e a forma como as pessoas as percebem. Embora a escolha da cor deva ser tratada com seriedade, há outros aspectos e considerações importantes em relação ao *design* do produto.

- A escolha das fontes, os elementos gráficos, o tamanho, o local onde o projeto será usado, o modo como será reproduzido... Tudo precisa ser levado em consideração na criação de um *design* perfeito.
- A criatividade acontece como resultado de muito trabalho e de experimentos práticos.

A verdade é que não existem as "melhores" cores no *marketing*. Tudo depende da imagem da marca que você deseja transmitir (ousada, sofisticada, amigável, confiável, criativa etc.) e da resposta que você deseja obter dos clientes. A escolha é sua. Mas uma coisa é certa: há uma cor, um tom e uma composição para combinar com cada gosto, estilo e emoção.

5.3 Para o produto, o nome da cor importa

O nome é um dado importante a considerar. Embora as diversas tonalidades de cores possam ser percebidas de maneiras diferentes, os nomes descritivos dessas cores também são importantes e influenciam na escolha do produto.

Em um estudo intitulado "Uma rosa com qualquer outro nome teria um cheiro tão doce?", quando os participantes foram solicitados a avaliar produtos com nomes de cores diferentes, como em maquiagem, os nomes elegantes foram preferidos com muito mais frequência. Por exemplo, *mocha* foi considerado significativamente mais agradável do que *marrom*, apesar de produtos dessa mesma cor terem sido mostrados (Skorinko et al., 2006).

Outras pesquisas revelaram que o mesmo efeito se aplica a uma ampla variedade de produtos (Miller; Kahn, 2006; Miller; Kahn, 2005). Os consumidores classificaram as cores de tintas elaboradamente nomeadas como mais agradáveis aos olhos do que as cores com nomenclaturas comuns. Também foi demonstrado que nomes de cores mais inusitados e exclusivos são preferíveis para tudo, desde balas a camisolas. Por exemplo, cores de giz de cera com nomes como *razzmatazz* eram mais propensas a serem escolhidas do que nomes como *amarelo-limão* (O'Skea, 2017).

5.4 Aplicação da cor na tela digital

Nas telas de televisores e de monitores de diferentes tipos, uma imagem colorida é obtida pela mistura de cores aditivas primárias ou cores-luz primárias (vermelho, verde e azul). Nesse caso, a imagem é composta por muitos pontos independentes nessas três cores.

O princípio básico da televisão a cores, introduzida nos anos 1960, é o seguinte: a imagem é capturada por meio de uma câmera gravadora em suas cores primárias, as quais são divididas em vermelho, verde e azul. Em seguida, tal imagem é convertida em sinais elétricos e transmitida por ondas eletromagnéticas ao receptor. Neste, os sinais são usados para controlar três feixes de elétrons que atingem pontos brilhantes vermelhos, verdes ou azuis na tela. Assim, os pontos relevantes se iluminam, mas são tão pequenos que não podem ser distinguidos a olho nu. Se você usar uma lupa, poderá ver que esses pontos coloridos brilhantes estão dispostos em uma linha ou em um triângulo, a depender do tipo de tubo de imagem. No total, em uma tela existe cerca de 1,2 milhão desses *pixels* luminosos nas cores primárias (vermelho, verde ou azul).

A imagem é escrita na tela linha por linha, porém 25 imagens (50 campos) são transmitidas em um segundo. Como resultado, percebemos uma imagem "fixa", porque podemos distinguir um máximo de 16 imagens por segundo como individuais. No entanto, os aparelhos de televisão modernos funcionam com o dobro da taxa de quadros de 100 Hz. Isso cria uma imagem sem cintilação. Os pontos individuais não podem ser ligados ou desligados, mas também variam em seu brilho. As diferentes cores são, então, criadas de acordo com as leis de mistura de cores aditivas.

5.5 Mistura de cores aditivas

Com a mistura de cores aditivas (luz), ao contrário da mistura de cores subtrativas (pigmentos), as diferentes cores são direcionadas para o mesmo ponto e sobrepostas (adicionadas). Essa sobreposição (mistura de cores aditivas primárias) com a mesma intensidade resulta em novas cores.

5.5.1 Cores básicas da mistura de cores aditivas

Observe, no Quadro 5.1, a seguir, as cores aditivas criadas a partir da mistura das três cores primárias com a mesma intensidade.

Quadro 5.1 – **Mistura das três cores primárias aditivas**

MISTURA DE CORES	RESULTADOS
verde + vermelho	amarelo
azul + verde	ciano (verde-azulado)
azul + vermelho	magenta (lilás)
verde + azul + vermelho	branco

Quando se misturam cores que têm intensidades diferentes, outros tons são originados. É possível, facilmente, experimentar isso no computador com a utilização de um programa de desenho no qual se pode variar a intensidade de cada cor. Para tanto, é necessário trabalhar com o modo RGB. Assim, as proporções das cores podem ser definidas entre 0 e 255. Além disso, a cor depende da saturação (ajustável de 0 a 240) e do brilho (também ajustável de 0 a 240). As diversas cores são registradas em tabelas de cores.

5.5.2 Regras da mistura de cores aditivas

Ao organizar as diferentes cores em um círculo, obtém-se um círculo cromático com o qual é possível compreender as regras da mistura de cores aditivas. Todas as cores do círculo cromático podem ser obtidas misturando-se as três cores primárias (vermelho, azul e verde).

As seguintes regras se aplicam à mistura de cores aditivas:

- Ao misturar as três cores primárias com a mesma intensidade, origina-se o branco.

- Cada cor do círculo cromático pode ser obtida misturando-se as duas cores vizinhas.
- Cores opostas no círculo cromático são complementares e, portanto, resultam no branco.
- Existem conexões estreitas entre as cores primárias da mistura de cores aditivas (vermelho, verde e azul) e aquelas da mistura de cores subtrativas (ciano, magenta e amarelo).
- Uma cor primária resulta da mistura de cores aditivas, quando a luz branca passa sucessivamente por filtros que contêm duas cores primárias subtrativas diferentes.
- A mistura de uma cor primária com uma cor secundária (vermelho + ciano; verde + magenta; azul + amarelo) gera o branco.

Contudo, diferentes brilhos e saturações são conhecidos para a mesma cor. Por exemplo, quando se misturam as três cores primárias usando-se um pouco mais de vermelho, obtém-se um vermelho fraco. Quanto mais vermelho se adicionar a essa combinação, maior será a saturação da cor vermelha. Por outro lado, se for adicionada uma combinação de proporções iguais de qualquer uma das três cores primárias a essa cor, então a mistura remeterá ao branco e a cor ficará mais clara.

5.6 Aplicação da cor na impressão: uma introdução a RGB e CMYK

Para artistas e *designers*, a conversão exata de cores RGB em CMYK é essencial, mas podem ocorrer surpresas indesejadas.

Quando você olha para obras e documentos em um monitor, todas as cores são renderizadas na tela em RGB, porque cada *pixel* é feito dessas três cores. No entanto, quando você vê o trabalho impresso em uma impressora a jato de tinta, tanto de mesa como industrial ou, ainda, *offset*, as cores são representadas em CMYK, equivalendo à tinta da impressora.

Por que você deveria importar-se com isso? Digamos que você esteja lidando com uma marca muito distinta com um logotipo amarelo brilhante. Se você postar o logotipo no Facebook, no Twitter ou em seu *site* e não utilizar o processo de cores correto, ele aparecerá turvo em vez de amarelo brilhante. Por isso, ao trabalhar com arquivos para qualquer tela, use RGB, e não CMYK.

5.7 Cores primárias aditivas – RGB

Conforme mencionado anteriormente, em nosso sistema visual existem três tipos de cones, alguns dos quais respondem a comprimentos de ondas curtas de luz, outros a ondas médias e outros, ainda, a longos comprimentos de onda. Chamamos de *azul* a luz de ondas curtas, de *verde* a de ondas médias e de *vermelho* a de ondas longas. Em termos científicos, isso significa dizer que somos seres tricromáticos (de três cores). Essa reação tricromática relacionada ao receptor é responsável pelo fato de podermos experimentar cores primárias aditivas.

Se tivermos três fontes de luz e cada uma emitir um terço dos comprimentos de onda que constituem o espectro visível, perceberemos a cor branca. Quando usamos fontes de luz, começamos com a escuridão (preto) e adicionamos luz colorida, por isso o termo *aditivo*. Para criar luz branca, basta adicionar as três cores primárias em partes iguais. A depender do quanto de cada comprimento de onda for adicionado, veremos cores diferentes. Quando falamos em adição de luz, estamos nos referindo às cores primárias aditivas com dispositivos emissores de luz, como monitores de computador, telas de televisão e telas de *smartphones*.

5.8 Cores primárias subtrativas – CMY e K

As cores primárias subtrativas são ciano, magenta e amarelo e constituem-se nas cores refletidas de uma superfície que absorve luz branca. Então, quando imprimimos, começamos com uma superfície branca (geralmente, papel) e adicionamos tintas ciano, magenta e amarelo, para finalizar com o preto. Porém, misturar essas cores nunca produzirá o preto puro. A razão para isso é que nenhum dos pigmentos disponíveis é puro o suficiente. O melhor que se pode obter é um marrom muito escuro. Por essa razão, adicionamos preto às primárias subtrativas ao imprimir. A letra *K* significa *key* ("chave") e evita confusão com a letra *B* (*blue*) para azul. Contudo, o preto não é uma cor primária.

5.9 Espaço colorido

As três cores primárias são úteis não apenas para descrever cores, mas também para mostrar a relação entre elas. Isso é possível usando-se os valores das cores primárias como coordenadas cartesianas em um espaço tridimensional, no qual cada uma delas forma um dos três eixos. Chamamos essa organização de *espaço de cores*. Alguns exemplos de espaços de cores bem conhecidos são: Adobe RGB; sRGB (adequado para a *web*); eciCMYK (FOGRA53; impressão); GRACol; e SWOP.

Por exemplo, o Adobe RGB foi inventado pela Adobe em 1998 e consiste em um espaço de cores RGB. Ele foi projetado para acomodar a maioria das cores que podem ser obtidas com impressoras coloridas CMYK, enquanto as exibe com cores primárias RGB em um dispositivo como uma tela de computador.

Já o FOGRA53 corresponde a uma sala de troca baseada em CMYK, usada, principalmente, para a comunicação em cores durante a produção de impressão. Ele complementa as disposições de impressão de referência que refletem as condições reais de impressão em *offset*.

O FOGRA53 permite a reprodução consistente de cores em toda a criação, incluindo preparação de cópias, composição de trabalhos, provas e impressão em cores de processo. Ainda, ele cobre a faixa esperada do espaço de cores (gama) que é utilizado para a produção de materiais de impressão a partir de dados digitais, independentemente do processo de impressão, e ativa funções de prova estabelecidas em impressoras.

SÍNTESE

Neste capítulo, abordamos o uso dos diversos sistemas de cores existentes no mundo. Mostramos, também, que o uso das cores vai muito além de simplesmente colorir uma obra ou um produto, uma vez que elas podem até mesmo incitar alguém a comer mais, gastar mais ou, ainda, comprar algo de que não precisa. Além disso, apresentamos os variados tipos de impressão de cores e explicamos a forma como as misturas de cores atuam no sistema ocular.

QUESTÕES PARA REVISÃO

1. Historicamente, em que país ocorreu o início das impressões?

2. Quais são os processos de impressão profissional que existem atualmente?

3. Qual das cores a seguir induz o ser humano a comer mais?

    a. Amarelo.
    b. Lilás.
    c. Verde.
    d. Laranja.
    e. Vermelho.

4. Com relação às cores aditivas, qual é a cor que surge da combinação entre verde e vermelho?

    a. Amarelo.
    b. Ciano.
    c. Magenta.

d. Branco.
e. Preto.

5. Qual das cores a seguir não faz parte do sistema CMYK?
   a. Ciano.
   b. Magenta.
   c. Amarelo.
   d. Preto.
   e. Verde.

QUESTÃO PARA REFLEXÃO
1. Reflita sobre o motivo pelo qual os *designers* devem se importar com as conversões exatas das cores entre os sistemas RGB e CMYK.

agsandrew/Shutterstock

CAPÍTULO 6

A COR COMO INFORMAÇÃO

CONTEÚDOS DO CAPÍTULO:
- O peso da cor nas comunicações.
- Os componentes de uma mensagem.

APÓS O ESTUDO DESTE CAPÍTULO, VOCÊ SERÁ CAPAZ DE:
1. perceber as mais variadas formas de trabalhar com as cores nas comunicações;
2. identificar os componentes psicológicos, estéticos e informativos da cor nas mensagens.

A cor é uma importante ferramenta de comunicação visual para as áreas que utilizam recursos gráfico-visuais para a apresentação de informações sintéticas e atrativas, tal como a infografia. Ao atrair o olhar do observador para a visualização da informação, ela colabora para a sistematização e a hierarquização do conteúdo, bem como para a elevação do potencial de sua assimilação, tendo a capacidade de orientar e focar a atenção do leitor/usuário (Lyra et al., 2016). Assim, quando se deseja que a informação seja respeitável, a cor não deve ser utilizada aleatoriamente, apenas com base em preferências estéticas e no gosto pessoal (Bastos; Farina; Perez, 2006). Logo, faz-se necessário conhecer o funcionamento das cores.

6.1 Um elemento de peso na comunicação

Um dos principais objetivos e significados do uso de cores é a comunicação. A esse respeito, Guimarães (2003) afirma que a cor opera como informação quando seu uso tem a finalidade de organizar e categorizar a informação jornalística, facultando significado e suscitando ações que podem ser positivas ou negativas.

Dessa forma, é preciso investigar todas as possibilidades de uso da informação cromática para melhor comunicar, considerando-se o contexto cultural no qual ela se insere, o que pode caracterizar as intenções e responsabilidades de seu uso. Segundo Guimarães (2003), como "ação positiva", a cor auxilia no ato de informar, comunicando de forma clara e compreensível. Por sua vez, como "ação negativa", o resultado é oposto, ou seja, leva à desinformação e à incompreensão da ação de comunicar.

O colorido exerce extraordinário efeito nas sociedades, haja vista seu papel secular de comunicar e transmitir mensagens. É por meio da cor, principalmente, que o homem identifica o universo ao seu redor. Por esse motivo, a cor é alvo constante de estudos e pesquisas (Sousa, 2014).

A cor é um elemento integrante da linguagem visual e constitui um dos diversos códigos da comunicação humana. O grande número de conceitos que envolvem as cores, com repertórios e alinhamentos próprios, cria linguagens e termos específicos para cada área, desde a medicina até as artes.

A informação cromática é recebida pela visão e interpretada, e os comportamentos do aparelho óptico e do cérebro decodificam e determinam os aspectos da cor na mensagem. Nesse sentido, o olho humano recebe as variações eletromagnéticas (cores diversas), mas esse fenômeno varia com o ambiente, com as condições de iluminação e com a percepção do receptor.

Outra variante na percepção da cor diz respeito à experiência pessoal; nesse sentido, a informação armazenada associa-se a um significado subjetivo e, portanto, individual. Isto é, o fenômeno cromático assume um papel de informação cultural carregado de simbolismo. Dessa forma, o impacto que a cor determina não é arbitrário em si e deve ser planejado, visto que ela impressiona, expressa e significa. Na condição de mensagem, a cor é um instrumento eficaz de comunicação (Andrade Neto et al., 2011).

De acordo com Jorge (2009, p. 29), muitos pesquisadores defendem que a cor é "um dos elementos informacionais e personalizadores mais importantes de um sistema de identidade visual [...] no sentido físico e simbólico. No físico, para detectar atributos como visibilidade, harmonia e contraste; no simbólico, seus aspectos semânticos, carregados de significados". Além disso, Silveira (2015, p. 119) enfatiza que "não se vê a cor isoladamente, mas sim, ligada a objetos. Os objetos trazem uma história de construção de significados, que por sua vez, ficam atrelados às suas cores".

A realização das necessidades estéticas e cognitivas depende de uma correta e perfeita identificação do ser humano com o sistema ambiental dos objetos, no contexto de um processo comunicacional. Assim, a cor é a verdadeira razão para uma nova forma de interação e integração entre as pessoas e delas com o mundo (Silva, 2006).

A compreensão sobre o mecanismo de ação das cores pode proporcionar muitos usos diferentes, devendo-se observar que elas são largamente utilizadas em ações comerciais, bem como de *marketing* e de publicidade.

Na comunicação, a cor representa o código primário para as mensagens e, por isso, é considerada um sistema de símbolos. Consciente ou instintivamente, nós construímos as propriedades das cores que interpretamos como mensagens. Damos sentido às cores, ou seja, elas nos afetam (gostemos ou não) e sempre nos relacionamos com elas de alguma forma. Logo, na comunicação, usamos cores que são conscientemente projetadas ou escolhidas com base na tradição, para expressar o conteúdo visual.

A cor que não está ligada a um objeto (a chamada *cor livre*) é significativa em si mesma, mas só pode transmitir uma mensagem complexa quando associada a um objeto e ao ambiente. A comunicação visual inclui, principalmente, o código de cores, e todas as suas ramificações também podem ser examinadas sob o aspecto das cores.

A comunicação por meio das cores é possível porque aprendemos a naturalmente interpretar informações de cores durante nossa evolução e em nossa vida particular. A visão das cores diz respeito à nossa capacidade biológica. Sob essa perspectiva, a cor corresponde à nossa experiência ancestral, isto é, não está vinculada à nossa linguagem. Dessa maneira, também é pertinente para a comunicação intercultural. Porém, o uso das cores está profundamente enraizado nas tradições culturais.

Todas as superfícies em que a cor pode aparecer são "canais" de comunicação, e nós as utilizamos mesmo inconscientemente. Tendo isso em vista, diversos são os meios de que nos servimos para transmitir informações por meio das cores:

- em vestimentas e acessórios (isso informa quem somos, de onde viemos, qual é nosso estado de espírito);
- em imagens estáticas, como fotos, desenhos à mão livre ou digitais, obras de arte, imagens científicas e impressões;
- em imagens em movimento, tais como filmes, vídeos e animações;
- em movimentos 3D, como em danças, festas populares e desfiles;
- em utensílios e grupos de objetos, como esculturas, exposições e vitrines;
- em dispositivos que emitem luz, como *displays*, monitores, letreiros em neon e semáforo;
- em materiais sólidos, transparentes ou reflexivos;
- em ambientes construídos, tanto domésticos quanto públicos.

Embora a cor possa pertencer a uma ampla variedade de materiais, objetos e fenômenos visuais naturais ou artificiais, as propriedades das cores podem ser abstraídas das superfícies que as contêm. Além disso, a comunicação também pode ser afetada por "ruídos", que distorcem a mensagem transmitida pelas cores. Assim, a codificação/decodificação pode ser perturbada e modificada por vários fatores, tais como:

- localização espacial;
- relações de extensão, *layout* e tamanho (contraste simultâneo);
- iluminação (a quantidade de luz pode ser excessiva ou muito pouca);
- material com cor (qualidade da superfície; refletividade; transparência; textura);
- movimentos (movimento e velocidade do observador, do objeto ou de ambos);
- deficiência da visão das cores do remetente ou do destinatário da mensagem;
- qualidade técnica das cores (mudanças naturais e temporais, como desbotamento e desgaste).

A interpretação da mensagem das cores depende, ainda, de características psicofisiológicas e da experiência do indivíduo em relação aos ambientes natural e social.

6.2 Componentes de uma mensagem

A mensagem colorida é um fenômeno complexo e, como código de comunicação, apresenta componentes psicológicos, estéticos e informativos:

- **Componentes psicológicos**: significados e fenômenos da cor relacionados a fenômenos ópticos, psicofisiológicos, emoções, associações de pensamento e memória.
- **Componentes estéticos**: significados ambíguos de cores relacionados à "beleza", à agradabilidade.
- **Componentes informativos**: simbolismos diretos que podem ser expressos em palavras e afetam o significado da mensagem.

Desse modo, em termos simplificados, a mensagem se processa em diferentes níveis de consciência, e as cores atuam simultaneamente na emoção, nos chamados *sensos de beleza* e no significado da mensagem.

Contudo, na comunicação, essas camadas nunca podem ser nitidamente separadas umas das outras, mesmo que em proporções diferentes – as três sempre prevalecem. Os efeitos psicológicos das cores dependem apenas vagamente do ambiente cultural, enquanto os efeitos estéticos e informativos estão mais intimamente relacionados a ele.

SÍNTESE

Neste capítulo, tratamos da aplicação das cores em relação à temática da informação/comunicação, mostrando que as cores atuam como componentes de uma mensagem.

QUESTÕES PARA REVISÃO

1. Qual é o principal objetivo do uso da cor nas comunicações?
2. O que é cor livre?
3. Assinale a alternativa **incorreta** em relação aos componentes de uma mensagem:
    a. Psicológicos.
    b. Mecânicos.
    c. Estéticos.
    d. Informativos.
    e. Políticos.
4. Sabendo-se que a cor pode ser afetada por "ruídos" que distorcem a mensagem, qual das opções a seguir está fora de contexto?
    a. Localização espacial.
    b. Relações de extensão.
    c. Iluminação.
    d. Deficiências da visão.
    e. Inclinações políticas.
5. A visão das cores diz respeito à nossa capacidade:
    a. Matemática.
    b. Biológica.
    c. Humorística.
    d. Gástrica.
    e. Olfativa.

QUESTÃO PARA REFLEXÃO

1. Reflita sobre o fato de que uma comunicação desprovida de cores requer muitas explicações para que se possa chegar ao ponto desejado de interpretação do que se pretende transmitir.

agsandrew/Shutterstock

CAPÍTULO 7

SIMBOLISMO DA COR

A cor é o elemento mais sagrado em todas as coisas visuais.

John Ruskin

CONTEÚDOS DO CAPÍTULO:
- Significados simbólicos das cores.
- Associações de cores.
- Aspectos da codificação das cores.
- Psicologia das cores.

APÓS O ESTUDO DESTE CAPÍTULO, VOCÊ SERÁ CAPAZ DE:
1. entender a cor como um signo de comunicação humana;
2. compreender que as cores podem comunicar informações importantes instantaneamente;
3. explicar que cores são melhores que outros símbolos para a comunicação de massa;
4. reconhecer as diferenças em usar cores como códigos ou como símbolos;
5. compreender em que medida a cor pode afetar o comportamento humano.

A cor sempre foi reconhecida por seu poder simbólico, sendo muito importante para as pessoas em todo o mundo. Nossa compreensão em relação ao simbolismo da cor mudou ao longo do tempo e varia entre as diversas culturas e países. Nessa perspectiva, existe uma grande diversidade no uso das cores e em suas associações entre os povos de culturas distintas e, até mesmo, no âmbito de uma mesma cultura, em diferentes períodos de tempo.

7.1 Significado simbólico das cores: códigos de cores

De acordo com a literatura especializada e a opinião de psicólogos, a percepção das cores é baseada em experiências e estruturas de raciocínio moldadas pelos instintos. Consequentemente, todos nós carregamos, por gerações, os chamados *arquétipos*, isto é, padrões da imaginação humana localizados no subconsciente coletivo e que inconscientemente influenciam nosso comportamento e consciência. Cada um de nós decide o que pensar e como se sentir sobre isso. Por exemplo, a maioria de nós associa a cor laranja ao calor, mas cada pessoa atribui um significado diferente a esse sentimento. Alguns percebem o calor como positivo, no sentido de familiaridade ou gosto pela vida, enquanto outros o encaram como negativo e talvez o associem à superficialidade. A maneira como se classifica tal sentimento, por sua vez, também tem base na experiência pessoal. Em suma, o efeito psicológico das cores descreve quais reações ou memórias inconscientes uma cor evoca em nós em virtude de nossa experiência individual.

Assim, embora sejam símbolos de alcance universal, as cores se referem, também, aos arquétipos que carregamos e que se tornam a essência de cada cor. Trata-se de complexos "universais" (expressos e prolongados) válidos para o mundo psíquico, o qual se confunde, em sua estrutura, com o mundo físico.

Em um nível mais profundo dos arquétipos, as cores nos remetem ao encontro entre arte, ciência, filosofia e religião. Dessa forma, indicando o sentido das energias físicas e morais, elas formam uma ponte entre a ciência e a arte, entre a física e a metafísica, entre a natureza e Deus, abrindo a porta de antigos mistérios e de nosso próprio "eu". Nesse sentido, as cores possibilitam a elaboração de sínteses que sem elas seria difícil formular (Rousseau, 1980).

Carl Jung, como psiquiatra, acreditava que as escolhas de cores que uma pessoa faz refletem um significado mais profundo sobre seus traços de personalidade. Por exemplo, indivíduos introvertidos e extrovertidos tendem a escolher cores diferentes entre si. Desse modo, ele incentivou seus pacientes a usar cores, porque achava que isso os ajudaria a expressar algumas das partes mais profundas de seu subconsciente.

A decodificação da visão e dos fenômenos das cores vivenciados na natureza é nossa herança biológica e, com essa capacidade, sentimos que não estamos sozinhos no mundo. Compreender as cores e usá-las consiste, assim, em um elemento do comportamento humano ditado pela natureza e, igualmente, diz respeito a processos cognitivos e à nossa tradição histórico-cultural.

Entender a cor como um signo da comunicação humana e estabelecer relações que correspondam ao contexto cultural em que se está inserido é um fator determinante para a aplicação da cor em qualquer projeto vinculado à comunicação. É necessário, ainda, estar atento às mudanças e oscilações desses signos, a fim de evitar as "ações negativas" decorrentes da falta de planejamento no uso da cor. Logo, para sua aplicação, é primordial uma análise do contexto, simbólico e cultural.

O simbolismo da cor representa o significado de algo que ela expressa, o qual, geralmente, é inerente a determinada cultura ou sociedade. O contexto, a cultura e o tempo são, certamente, fatores importantes a serem considerados ao se pensar sobre a insígnia da cor. Tendo isso em vista, conforme a cultura ou a sociedade, as cores podem, até mesmo, simbolizar coisas diferentes para pessoas distintas.

Nessa perspectiva, a cor constitui-se na visualização das relações humanas, ou seja, trata-se de um dos meios para essa regulação. O *status* do indivíduo na sociedade pode ser expresso principalmente no corpo humano e no vestuário. Símbolos e emblemas coloridos carregam informações diretas sobre identidade, nacionalidade, religião, pensamento político, cultural e esportivo. Os atributos coloridos também estão incorporados em outros objetos (edifícios, residências, veículos, utilitários, equipamentos de trabalho etc.), mas são menos dinâmicos e espetaculosos para a sociedade, além de menos capazes de acompanhar as mudanças sociais.

Dessa forma, quando se trata de cor, é necessário um estudo minucioso que relacione a cor aos objetivos da mensagem, o que faz aumentar o desempenho do processo de codificação e decodificação e fortalecer as associações pretendidas. A esse respeito, é imprescindível ter cuidado com a redução dos significantes e significados das cores, pois a simplificação dos símbolos utilizados pode gerar dificuldade de reconhecimento por parte do leitor/usuário ao não identificar na mensagem as conotações dadas a determinada cor (Guimarães, 2003).

Quando se tem conhecimento do papel psicológico e informativo das cores, é possível sua utilização consciente, bem como o aproveitamento desse discernimento em todas as áreas em que se deseja trabalhar. Os códigos de cores ou símbolos de cores têm sido muito bem aproveitados em transporte, comércio, tecnologia da informação, *marketing* e em muitos outros contextos desde o final do século XIX. Atualmente, vivemos envoltos por muitos desses códigos, a maioria dos quais se refere a elementos originados do próprio ambiente visual.

Os símbolos fazem parte da vida do ser humano, sempre foram utilizados por ele, o único ser existente que os cria, usa e interpreta, sendo empregados como ferramentas indispensáveis desde o início da humanidade (Cassirer, 1972). Historicamente, o desenvolvimento da cultura humana é inseparável do uso de sinais e símbolos, tanto que os registros da existência da vida em comunidades se estabeleceram por meio de uma comunicação baseada em signos. Assim, os símbolos (signos, imagens) precedem a escrita, pois, anteriormente a ela, a comunicação dos povos se deu mediante imagens. Nesse sentido, os sistemas de símbolos preservam evidências históricas, culturais, míticas ou psicológicas.

A cor como símbolo se desenvolveu no decorrer de um longo período, com base em uma convenção cultural e no conceito de determinada cor. Em certas culturas e em determinados períodos históricos, a compreensão dos símbolos foi quase universal, e seu uso demarcava grupos (identidade), fortalecendo o pertencimento a comunidades e a separação de grupos que usavam outros símbolos. Seus significados se desenvolveram lentamente, assim como as mudanças, e suas raízes são profundas. Por exemplo, as cores religiosas e nacionais, as cores heráldicas, de times esportivos, de festividades e de movimentos mostram uma grande permanência, bem como as associações de cores às tradições históricas e culturais e às crenças. Logo, os símbolos e os códigos de cores devem ser interpretados em conformidade com a sociedade e a cultura em questão.

No entanto, atualmente, a movimentação das pessoas pelo mundo e o fluxo de informações vêm se acelerando como nunca antes. Não há como ler tudo o que está disponível, e muitas informações precisam ser entendidas independentemente do idioma em que estão sendo veiculadas. Em inúmeras áreas, vale a pena desenvolver a comunicação visual, porque se trata de uma linguagem que permite comunicar informações de vários níveis de complexidade. Nessa perspectiva, as sinalizações com cores podem comunicar de modo eficaz, proporcionando rapidez na identificação da mensagem.

Enfim, as cores são códigos que podem comunicar mensagens eficientemente, pois a informação visual é percebida de maneira instantânea (Atkinson; Hilgard, 2005), ou seja, chega à consciência antes do reconhecimento da forma e, principalmente, da escrita. Essa é a base para mensagens simples, como as transmitidas por semáforos e sinais de trânsito, bem como no tráfego internacional, na sinalização de perigo, na sinalização em postos de trabalhos e indústrias, nas identidades corporativas, nas cores de logotipos e de informações em edifícios, nas guias para pastas de arquivos, nos separadores em blocos de notas e muito mais.

Além disso, as cores funcionam adequadamente para marcar objetos de crianças pequenas, que ainda não sabem ler, bem como para organizar materiais de escritório e domésticos.

7.2 Associações de cores

Um bom código de cores depende da associação que fazemos com elas. É mais fácil aprender, reconhecer e aplicar o código que corresponde ao conhecimento "anterior" e à associação de pensamento já estabelecida para uma cor. Por exemplo, as cores vermelha, amarela e verde dos semáforos também ajudam a interpretar o sinal por meio da associação de seu conteúdo. Se tivessem sido escolhidas as cores azul, púrpura e laranja para as mesmas funções (proibição, aviso e permissão), o resultado também seria eficaz, porque teríamos aprendido seu significado. No entanto, as cores vermelha, amarela e verde são mais fáceis de serem reconhecidas porque o conteúdo de associação delas corresponde a um conhecimento anterior.

Nessa perspectiva, é necessário que o código seja compreendido rapidamente por todos, de preferência sem a ajuda da escrita (por exemplo, as torneiras de água fria nos lavatórios são azuis, e as de água quente são vermelhas – associações de cores). Os serviços urbanos, os sistemas de esgoto e os cabos também recebem um código de cores convencional, pois, em situações perigosas, a cor mostra qual torneira deve ser fechada com urgência, por exemplo.

O código de cores ajuda a aprender a mensagem, o texto e o desenho estilizado (logotipo). Depois de adquirirmos o conhecimento do significado do código de cores (por exemplo, o lixo de metal está no recipiente amarelo, na Figura 7.1), não precisamos mais dos acréscimos, tampouco de legendas.

Figura 7.1 – **Coleta seletiva de lixo**

| Resíduos perigosos | Resíduos não recicláveis | Resíduos orgânicos | Metal | Papel Papelão |
| Médicos Ambulatórios | Plástico | Vidro | Resíduos radioativos | Madeira |

Contudo, em algumas ocasiões, os códigos de cores, como uma convenção "projetada", dependem da cultura. Quanto aos símbolos de cores, pode haver diferenças menores de significado entre países próximos e diferenças maiores entre civilizações distantes. Tais distinções devem ser conhecidas por aqueles que estabelecem relações diplomáticas, culturais e comerciais com outros países. Por exemplo, na China não é apropriado dar um presente embrulhado em um papel branco, porque essa é a cor da morte e do luto.

Assim, os símbolos vinculados a cores e as associações destas geralmente assumem valores variados e podem até mesmo carregar conteúdos opostos, mas um código de cores pode ter apenas o significado para o qual o sistema foi projetado.

Para aprender a codificação por cores, leva-se menos tempo do que para os símbolos – algo que, para uma comunidade, costuma demorar séculos. Uma das tarefas da comunicação de massa é introduzir na consciência do público a associação de cor a uma ampla gama de informações sociais (regras de trânsito, marcas comerciais, serviços públicos, festividades, equipes esportivas etc.), a fim de tornar tal associação conhecida, isto é, para transformá-la em um código de cores. Esse código deve ser aprendido rapidamente e, por vezes, esquecido também de forma célere. Como exemplo, imagine um grupo de turistas: basta que memorizem a cor e o padrão do ônibus durante o passeio turístico.

7.3 A cor como código ou como símbolo

Um bom exemplo da diferença entre a cor como código e como símbolo está no uso em bandeiras. Antigamente, durante marchas e atos de combate, a bandeira era o primeiro material visível, com um colorido intencionalmente forte para ser avistado à distância e provocar comoção. Ademais, várias instruções e informações predeterminadas podiam ser comunicadas. Nesse caso, o primeiro papel da bandeira era ser um código. Posteriormente, em um processo mais longo, as cores e os padrões das bandeiras foram intimamente interligados ao poder real, militar ou do senhorio, bem como à região, à nação e ao Estado, o que fez a bandeira se tornar um símbolo sagrado e inviolável.

No entanto, as bandeiras nacionais também recebem uma função de código, quando, por exemplo, indicam a possibilidade de escolher um idioma em um *site* (Figura 7.2). Igualmente, nas tabelas das casas de câmbio, elas são usadas para indicar as moedas dos países.

Figura 7.2 – **Seleção de idioma na internet complementada por legendas**

○ Chinês
○ Espanhol
◉ Inglês
○ Francês
○ Português

admin_design/Shutterstock

7.4 Aspectos da codificação de cores

A seguir, destacamos alguns aspectos relativos à codificação de cores:

- **Compreensibilidade**: a codificação de cores deve ser reconhecida e compreendida pelo público, o qual precisa ser informado a respeito do significado de cada cor. Um código com significado conhecido apenas pelo *designer* não é, de fato, um código.

- **Poder de especificar**: para um código de cores ser eficaz, de modo que possa classificar ou determinar algo que se deseja expressar, ele deve ser construído com cores marcantes, como vermelho, azul, amarelo e verde. Além disso, é importante que sejam criadas famílias de cores principais. Cores mescladas, como cinza-claro ou azul-esverdeado escuro, são mais difíceis de identificar, embora também possam ser usadas como códigos para áreas restritas.
- **Poder de recordar**: o código de cores não deve apenas ser reconhecido e compreendido, mas também, em muitos casos, lembrado. A memória da cor não consiste em uma habilidade particularmente forte, porém, uma vez que a "aprendemos", se sabemos o nome da cor ou podemos associá-la a algo, tal memória ajuda muito na lembrança.
- **Quantidade**: para o público em geral, em razão do número de cores básicas, a quantidade de coisas que podem ser codificadas com as cores é restrita, por conta das limitações de aprendizagem e da memória de cores em determinado contexto ou ambiente (comércio, espaços comunitários etc.). Para a comunidade profissional, em alguns campos, um sistema de codificação de cores de vários elementos pode ser usado, embora, também nesse caso, seja importante que os elementos de cores se apresentem de forma claramente diferente. Os códigos de cores são registrados em um manual e, como parte do fluxo de trabalho, são aprendidos pelos profissionais.

7.5 A psicologia da cor

A psicologia da cor é um ramo da psicologia que trata das cores e de seus efeitos no comportamento humano. De acordo com Frachetta (2022),

> A psicologia da cor surgiu anos atrás quando os egípcios estudaram o efeito das cores no humor [...] para o desenvolvimento holístico. [...] o vermelho simboliza o aumento na circulação, o amarelo é para purificar o corpo, o azul é para aliviar a dor, o roxo é problemas de pele, a laranja é usada para aumentar a energia e o preto significa vida e renascimento.
> Na psicologia moderna, Carl Jung [...] acreditava que as cores e os humanos têm uma conexão especial, "os humanos têm uma resposta corporal e universal ao estímulo das cores", disse ele. Ele também afirmou que "as cores são a língua materna do subconsciente".

Os estudos referentes a essa área abriram caminho para a ascensão da cor associada ao marketing, ao *branding* e ao *design*.

No geral, a psicologia da cor mostrou que a cor pode afetar o comportamento humano, influenciar a percepção e aumentar a eficácia. Em um estudo chamado "Impacto da cor no marketing", provou-se que 90% dos julgamentos dos clientes sobre os produtos são baseados apenas na cor. Outros estudos revelaram que a intenção de compra dos clientes é muito afetada pela cor da marca, visto que a cor engloba a identidade e a personalidade da marca. Além disso, as pesquisas apontaram que o cérebro humano prefere marcas que sejam reconhecíveis, o que torna a cor da marca ainda mais importante (Frachetta, 2022):

Estes estudos provaram que existe realmente uma relação significativa entre a cor da marca e a reação do cliente, portanto, é uma obrigação para os empresários, anunciantes, designers e líderes de escritório estar ciente sobre isso, porque escolher as cores certas pode levar a um empreendimento mais bem sucedido.

As cores têm significados percebidos universalmente. Cada uma delas carrega um simbolismo e remete a certo sentimento que as torna ainda mais vitais. Por isso, é fundamental que os empresários tenham um pouco de experiência antes de escolher um esquema de cores. Os proprietários de negócios devem saber qual mensagem desejam transmitir ao público, dado o tipo de negócio que possuem. Nesse caso, a mensagem pode ser combinada com uma tonalidade de cor apropriada. Não há cores boas ou ruins, mas a cor certa ajuda.

Tendo isso em vista, apresentamos, a seguir, algumas ideias que podem nortear a escolha das cores:

- **Azul**: é cor da harmonia, da fidelidade e da simpatia. Embora seja uma cor fria e que denota distanciamento e profundidade, é vista como muito positiva, capaz de invocar confiança, segurança e responsabilidade. Além disso, o azul está associado à criação e à serenidade, razão pela qual existem muitas instituições que a utilizam.
- **Vermelho**: a cor vermelha é poderosa, agressiva e provocadora, representando a paixão. Ademais, "Está associada ao poder, à guerra, ao perigo e à violência. O vermelho é a cor do elemento fogo, do sangue e do coração humano. [...] Na política, a cor vermelha está associada ao espírito revolucionário" (Significados, 2022f). Ainda, o vermelho pode ser usado para incorporar paixão e energia a um produto.

- **Verde:** a cor verde simboliza esperança, liberdade, saúde e vitalidade (Significados, 2022e). Também se refere a dinheiro e juventude. Ela proporciona uma sensação calmante, especialmente quando são utilizados tons mais claros. "Está associada ao crescimento, à renovação e à plenitude [...], aos movimentos ecológicos e de preservação do meio ambiente" (Significados, 2022e). Por fim, o verde acalma e traz equilíbrio ao corpo e ao espírito, e "seu uso em momentos de depressão e tristeza pode ser reconfortante e estimulante" (Significados, 2022e).
- **Amarelo:** além de ser uma cor vibrante, o amarelo

  significa **luz**, **calor**, descontração, otimismo e alegria. O amarelo simboliza **o sol**, **o verão**, a prosperidade e a felicidade. É uma cor inspiradora e que desperta a criatividade. Estimula as atividades mentais e o raciocínio. [...] Um ambiente pintado de amarelo traz mais calor e iluminação. É ideal para dar a sensação de calor em ambientes frios e escuros. Também proporciona concentração e atenção, por isso, é recomendável para escritórios e salas de estudo. Em excesso, pode provocar distração e ansiedade. [...] A cor amarelo-ouro (dourado) representa a riqueza, o dinheiro e o ouro. Está associada à nobreza, à inteligência e ao luxo. (Significados, 2022a, grifo do original)

- **Lilás ou violeta:** essa cor oferece sofisticação, introspecção, nostalgia, exclusividade e realeza, o que a torna perfeita para quem vende joias e objetos valiosos. O lilás está vinculado ao mundo místico e significa espiritualidade, magia e mistério. Além disso, "estimula o contato com o lado espiritual, proporcionando a purificação do corpo e da mente, e a libertação de medos e outras inquietações. É a cor da transformação" (Conduta Literária, 2018).

- **Rosa:** a cor rosa significa romantismo, pureza, suavidade, ternura, ingenuidade "**e está culturalmente associada ao universo feminino**" (Botelho, 2013, grifo do original). Os tons escuros são muito energéticos, insinuam sensualidade e sedução feminina, enquanto os tons mais claros denotam um toque romântico, pois estão vinculados ao amor. "**O rosa é a cor das emoções, dos afetos, da compreensão, do companheirismo e do romance**" (Botelho, 2013, grifo do original).
- **Laranja:** essa cor pode ser eficaz para crianças em razão de seu toque amigável e divertido. Ainda, ela significa

  alegria, vitalidade, prosperidade e sucesso. É uma cor quente [...] associada à criatividade, pois o seu uso desperta a mente e auxilia no processo de assimilação de novas ideias. [...] O laranja é uma das tonalidades que lembra verão, calor, diversão, liberdade e atitudes positivas. [...] Um ambiente com a cor laranja pode provocar os mesmos efeitos que a cor vermelha no que se refere a estímulos do apetite e propensão para os diálogos. É recomendável para cozinhas, salas de jantar e salas de visitas, sempre sem haver excesso no seu uso. (Significados, 2022c, grifos do original)

- **Marrom:** evoca simplicidade e estabilidade e transmite a ideia de realismo. Simboliza conforto, segurança e singeleza. É a cor da terra e da madeira e, por isso, está associada à natureza. Assim, é possível relacioná-la a produtos naturais e a um estilo de vida saudável. Antigamente, o marrom era relacionado aos agricultores e a outras atividades ao ar livre. Quando usada na decoração de interiores, a cor marrom transmite uma sensação de calma, conforto físico e qualidade. Para a cultura oriental, "o marrom é muitas vezes associado à **segurança** e **prosperidade material**, com a aquisição de bens. Segundo a cultura ocidental, o marrom representa **seriedade, maturidade, estabilidade e responsabilidade**" (Tête-À-Tête, 2022, grifo do original).

- **Preto**: a cor preta é, para certas pessoas, "classificada como **ausência de cor**, enquanto para outras é **ausência de luz**. A cor existe graças à luz, e uma substância é preta porque absorve todos os comprimentos de onda do espectro solar" (Significados, 2022d, grifo do original). Refere-se à cor "mais escura de todo o espectro das cores e simboliza **respeito, morte, isolamento, medo, solidão**" (Significados, 2022d, grifo do original). Também simboliza tristeza e reverência, motivo pelo qual muitas pessoas utilizam essa cor quando estão de luto.

Na publicidade, o preto promove uma atmosfera de campanha séria e clássica, bem como a ideia de sofisticação e exclusividade. Ainda, indica nobreza e transmite uma sensação de sobriedade, além de combinar bem com produtos caros. Assim, também pode significar elegância, dignidade e luxo. É bastante comum ver pessoas vestidas de preto em eventos de gala, porque a roupa dessa cor pode ser sinal de *status* social.

- **Branco**: a cor branca parece muito simples, mas, quando é usada, mostra pureza e limpeza, sendo muito atraente ao olho humano. Branco transmite paz, candura, espiritualidade e inocência, além de ser o símbolo da virgindade. Ademais, "é também chamada de 'cor da luz' porque reflete todas as cores do espectro" (Significados, 2022b), ou seja, todos os raios luminosos, proporcionando uma clareza total. "Na cultura ocidental a cor branca está associada à alegria, enquanto no oriente está associada à morte, ao luto e à tristeza" (Significados, 2022b). Também "simboliza a virtude e o amor a Deus. É uma cor que sugere libertação, que ilumina o lado espiritual e restabelece o equilíbrio interior" (Significados, 2022b). Por fim, "Um ambiente branco proporciona frescura, calma e dá ideia de maior espaço, proporcionando a sensação de liberdade. Em excesso, pode dar a impressão de frieza, vazio e impessoalidade. [...] O branco oferece uma combinação perfeita com qualquer outra cor" (Significados, 2022b).

SÍNTESE

Neste capítulo, analisamos o uso prático das cores em convenções mundiais e particulares, com o fim de facilitar e agilizar a compreensão da mensagem que se quer transmitir.

QUESTÕES PARA REVISÃO

1. Reconhecendo o papel psicológico das cores, cite algumas áreas em que elas são mais utilizadas.

2. Qual é a vantagem de usar cores como símbolos?

3. Qual é a cor cujo significado remete à ideia de frieza?
    a. Azul.
    b. Preto.
    c. Amarelo.
    d. Branco.
    e. Vermelho.

4. Como você estudou neste capítulo, cada lixeira para deposição de resíduos tem uma cor específica. Qual das alternativas a seguir se refere à cor da lixeira destinada aos resíduos não recicláveis?

   a. Amarelo.
   b. Cinza.
   c. Vermelho.
   d. Azul.
   e. Verde.

5. Para informar que determinada torneira é de água fria, qual cor deve ser utilizada?

   a. Verde.
   b. Amarelo.
   c. Azul.
   d. Vermelho.
   e. Roxo.

   QUESTÃO PARA REFLEXÃO

1. Reflita sobre o seguinte questionamento: Será que um dia poderemos realmente quantificar as benesses que a cor nos propicia? Como seria viver sem as cores?

agsandrew/Shutterstock

CAPÍTULO 8

A COR NO *DESIGN*

A cor é uma energia que influencia diretamente a alma.

Wassily Kandinsky

CONTEÚDOS DO CAPÍTULO:

- A cor como marca.
- Interação entre as cores.
- Legibilidade das cores.

APÓS O ESTUDO DESTE CAPÍTULO, VOCÊ SERÁ CAPAZ DE:

1. reconhecer o poder que as cores representam no mercado;
2. entender o que cada cor significa para o *design*;
3. explicar que nas interações entre as cores existem harmonias que devem e precisam ser bem usadas;
4. entender que, para a legibilidade do texto, o contraste vale mais que a cor;
5. identificar as combinações de cores de maior sucesso;
6. perceber as relações entre cor e forma.

De todos os elementos do *design*, a cor é, provavelmente, o mais desafiador de entender e utilizar, tamanha a sua importância. Ela desempenha um papel vital no *design* e na vida cotidiana ao chamar a atenção para uma imagem, desencadear respostas emocionais e, até mesmo, comunicar algo importante sem o uso de palavras.

As cores são tão comuns em nosso dia a dia que tendemos a pensar que é simples escolhê-las; porém, a verdade é que, para isso, faz-se imprescindível promover um estudo consciente e detalhado. Elas exercem um papel crucial nos negócios, tanto na promoção da marca quanto no *marketing*, pois é nelas que os clientes se baseiam para tirar as primeiras impressões da empresa e do produto.

8.1 A cor como marca

Como as cores são excelentes recursos para produzir uma boa identidade para uma empresa, é preciso compreender o que elas significam para a marca antes de selecioná-las, considerando-se que esse é o primeiro passo para aumentar a aceitação da organização no setor de mercado escolhido.

Essa aplicação visual parece óbvia e é sutil, mas tem um impacto significativo no modo como uma marca será entendida pelo público. Nesse sentido, não importa se você está projetando uma marca pessoal para uma pequena empresa ou para uma grande corporação. Os efeitos da cor não serão discriminados com base na quantidade de dinheiro que você tem para começar. As cores são mais do que apenas um auxílio visual, porque transmitem emoções, sentimentos e experiências. Existem significados por trás da variedade de cores e, para as empresas, é importante estar a par disso.

Ao examinar as opções de cores para uma marca, é sempre aconselhável checar as outras marcas para ter uma noção do papel que os esquemas de cores estão desempenhando na percepção do negócio. Se uma empresa com forte reconhecimento de marca no mercado alterar o esquema de cores tradicionalmente adotado, poderá acarretar resultados perigosos.

Sim, a cor tem poder. Ela pode afetar o humor, as emoções e os comportamentos, além de ser pode ser uma fonte de informação. Embora a resposta de um indivíduo a uma cor possa derivar de sua experiência pessoal, o estudo das cores, juntamente com o conhecimento da psicologia das cores, revela que há muito mais a considerar quando se inicia um projeto.

O mercado atual é bombardeado com produtos que estão tentando chamar nossa atenção, diminuindo a probabilidade de que determinado produto se destaque imediatamente. De acordo com a maneira como nossos sentidos naturais funcionam, a cor é o elemento mais influente para a mente, seguida por formas, símbolos e, finalmente, palavras.

Mas não se engane, o reconhecimento da marca fará com que uma boa empresa tenha sucesso mais rápido e que organizações ruins falhem mais rápido. As pessoas definem a maior parte do que pensam sobre uma marca com base na experiência pessoal com produtos e serviços. Desse modo, em um nível básico, as cores influenciam a forma como os consumidores percebem a personalidade da marca em questão.

Diversos estudos (Kumar, 2017; Zylberglejd, 2017; Sabou, 2014; Shi, 2012; Morton, 2012; Kareklas; Brunel; Coulter, 2012; Prado-León; Rosales-Cinco, 2011; Gofman; Moskowitz; Mets, 2010; Satyendra, 2006; Naz; Epps, 2004; Babin; Hardesty; Suter, 2003; Bortoli; Maroto, 2001) têm sido realizados sobre a relação entre cores, principalmente nas áreas de marketing e *branding*. A seguir, apresentamos algumas das descobertas feitas:

- A cor influencia 85% das decisões de compra dos clientes.
- Cerca de 62 a 90% da avaliação do produto é baseada apenas nas cores.
- As cores aumentam o reconhecimento da marca em 80%.

Um bom exemplo é o da famosa empresa Apple, que, em 1998, apostou em cores vibrantes para sua linha de produtos, apoiada no *slogan* "Não precisam ser bege!", disponibilizando seus iMacs nas cores morango, tangerina, uva, lima, mirtilo, grafite, rubi, azul bondi, anil, sálvia, neve, entre outras. Isso assegurou à Apple a comercialização de 150 mil unidades na pré-venda e de 278 mil unidades nas seis semanas seguintes (Hendrickson, 2017), evidenciando que as cores (da marca, dos produtos, do *blog* etc.) podem determinar o sucesso ou o fracasso de uma organização perante seus clientes.

Na sequência, descrevemos algumas particularidades das cores mais utilizadas no mercado, de modo a poder ajudá-lo na escolha da cor de uma marca, produto ou negócio:

- **Vermelho**: é a uma cor quente que representa os vencedores. Por isso, é muito empregada por atletas, por ser considerada agressiva, dinâmica e vigorosa, podendo até mesmo indicar uma vantagem competitiva sobre adversários vestidos com outras cores. Empresas como Ferrari, Coca-Cola, Lego e Netflix são exemplos de marcas que usam vermelho em seus logotipos e materiais de *marketing* para atrair clientes. Em restaurantes, os tons de vermelho estimulam a fome e o consumo de alimentos, motivo que faz com que marcas e cadeias alimentícias utilizem essa cor, tais como McDonald's, KFC, Wendy's, Pizza Hut, Nestlé, Red Bull.

- **Laranja:** é menos vibrante que o vermelho, mas também traz a sensação de algo agradável, amigável, divertido e de vigor físico. É uma cor que inspira confiança e segurança, sendo utilizada por marcas como Cartoon Network, Nickelodeon, Nike, Itaú e Amazon, maior empresa varejista *on-line* do mundo.
- **Amarelo:** cor do otimismo, da vitalidade, da luz, da criatividade e do calor, passa a sensação de estímulo, otimismo, felicidade e, até mesmo, pode aguçar o apetite das pessoas. Assim como o vermelho, o amarelo também chama a atenção, embora com menos intensidade; por esse motivo, é muito utilizado para sinalizar atenção. Além disso, combina bem com o vermelho, razão pela qual é muito empregado em empresas alimentícias. Entre as grandes marcas que usam o amarelo em conjunto com outras cores, como vermelho, preto ou azul, estão McDonald's, Burger King, Habib's, Garoto, Shell, Chevrolet, Nikon e Maisena.
- **Verde:** considerada uma cor que reflete saúde, frescor e serenidade, é amplamente utilizada em hospitais e consultórios médicos. O verde transmite a sensação de equilíbrio e segurança, além de ser aplicado em diferentes vertentes, tais como para representar dinheiro, sociedades financeiras e lojas de luxo – o verde-escuro

indica riqueza e prestígio. Exemplos de marcas que usam essa cor são Fidelity, Mint e Land Rover. O verde também é associado a produtos naturais. Não é à toa que a marca de sanduíches Subway o utiliza, já que seus alimentos são mais saudáveis que os de seus concorrentes (ao menos, é o que querem representar). Além dessa empresa, o verde também é utilizado na logo do Spotify, bem como da Heineken e do Starbucks. Recentemente, algumas pesquisas indicaram que o verde inspira criatividade.

- **Azul**: é uma cor que suscita confiança, responsabilidade, calma, lealdade, segurança e, também, produtividade. Quase 33% dos negócios usam o azul como a cor principal de sua marca (Hendrickson, 2017), isso porque representa valores importantes para instituições bancárias e de cobrança, como Bank of America, Caixa Econômica Federal, PayPal, Venmo, American Express e Visa. Por transmitir confiança e segurança, é utilizada por empresas como Ford, BMW, Volkswagen e Mazda. Ainda, tem a preferência, principalmente, das empresas de tecnologia, como Siemens, Samsung, Philips, Dell, Intel, Nokia, Facebook, LinkedIn e Twitter, fortes exemplos de marcas que utilizam o azul para serem lembradas no mercado. São exemplos de marcas que utilizam azul por associarem essa cor às ideias de força e confiança: Oral-B, Pfizer, Nivea, Pampers, Unilever e Wallmart. Outro elemento importante a considerar é o fato de o azul ser a cor predominantemente preferida tanto por homens quanto por mulheres.
- **Lilás ou violeta**: apesar de não ser uma cor extremamente popular no *branding* de grandes empresas, o lilás é utilizado com

frequência para passar a ideia de luxo, realeza e riqueza. É a cor da sofisticação e da sabedoria, além de transmitir a sensação de inteligência e resolução de problemas, passando a ideia de responsabilidade e a sensação de algo inovador. Por isso, muitas instituições educacionais e empresas de tecnologia usam tons de lilás. Ainda, a cor também pode ser associada à criatividade de empresas mais modernas. A Nubank, por exemplo, escolheu o lilás para fazer parte de sua identidade visual. Outros exemplos incluem FedEx, GNT, Vivo, Yahoo, Syfy, NYU e Netshoes. No extremo oposto, é uma cor amplamente adotada por marcas infantis, pois chama a atenção de crianças quando utilizada em brinquedos ou doces.

- **Preto/branco/cinza:** o preto, o branco e os tons de cinza têm o atributo de serem cores clássicas e profissionais, mas, igualmente, denotam simplicidade. Tais tonalidades resultam em marcas atemporais, como The New York Times, Mercedes-Benz, Honda, Chanel, Nike, Adidas e Disney, que fazem uso de logotipos preto e branco ou em tons de cinza. Com uma popularidade cada vez maior, essas três cores conferem muito valor a uma marca. O contraste entre preto e branco gera a impressão de luxo e requinte, e muitas empresas vão remodelando sua identidade conforme crescem para se adequarem às sensações que a chamada "ausência de cor" traz.

8.2 Interação entre cores

Na teoria da cor, há vários esquemas de cores, e cada um detém harmonias diferentes entre si que, se usadas com sabedoria, possibilitam resultados eficazes em qualquer projeto. Tais esquemas são apresentados na sequência:

- **Cores monocromáticas**: é um esquema fácil de empregar, pois segue apenas variações de luz e saturação de um único matiz.

Figura 8.1 – **Esquema de cores monocromáticas**

- **Cores análogas**: esse esquema é construído com cores que se encontram próximas umas das outras no círculo cromático. Embora os dois esquemas de cores (monocromáticas e análogas)

sejam agradáveis aos olhos, não são apropriados quando se necessita de contrastes.

Figura 8.2 – **Esquema de cores análogas**

- **Cores complementares**: esse esquema é composto de duas cores opostas no círculo cromático, sendo uma quente e outra fria. Ele faz com que o contraste seja alto. Porém, a combinação de cores pode dificultar a visualização em textos.

Figura 8.3 – **Esquema de cores complementares**

Millefiore Images/Shutterstock

- **Cores complementares divididas**: esse esquema faz uso de uma cor principal e das duas cores próximas à sua complementar. Pode proporcionar um bom contraste e, simultaneamente, mais delicadeza que o esquema de cores complementares.

Figura 8.4 – **Esquema de cores complementares divididas**

Millefiore Images/Shutterstock

- **Cores análogas + complementares**: esse esquema é formado pela combinação de três cores adjacentes e uma cor complementar no círculo cromático e possibilita um bom contraste de cor. Ao adicionar uma cor extra, é possível quebrar o ritmo das cores análogas e, ao mesmo tempo, obter contraste.

Figura 8.5 – **Esquema de cores análogas + complementares**

Pixel-Shot/Shutterstock

- **Cores triádicas**: utiliza três matizes que são igualmente espaçados no círculo cromático. Possibilita um bom contraste visual e, simultaneamente, proporciona equilíbrio e riqueza de cores. Esse esquema é habitualmente empregado por ser harmonioso e fácil de usar.

Figura 8.6 – **Esquema de cores triádicas**

- **Retangular ou duplo-complementar:** esse esquema é rico em matizes, por ser produzido por dois pares de cores complementares. Apresenta bom arranjo de contraste, porém é difícil de harmonizar.

Figura 8.7 – **Esquema de cor retangular ou duplo-complementar**

A seguir, apresentamos algumas dicas que podem ser consideradas na composição:

- Procure tirar proveito de uma cor quente em conjunto com cores frias, o que dará ênfase à cor quente.
- Escolha uma das cores para usar em maior quantidade que as restantes.
- Se escolher utilizar uma cor quente como principal, diminua a saturação da cor oposta, o que dará maior ênfase à cor quente.
- Evite dessaturar as cores quentes para não perder o vigor do esquema de cores.

- No esquema retangular ou duplo-complementar, procure não utilizar todas as quatro cores na mesma quantidade, pois poderá parecer desequilibrado. O melhor resultado é escolher uma cor como dominante e amenizar as outras.

8.3 Legibilidade da cor e combinações de cores

A compreensão das cores e do papel que elas podem desempenhar é uma importante ferramenta quando se deseja eficiência em um projeto de *design*. Nessa perspectiva, usar cores requer mais do que o acaso ou a intuição. Todo *designer* deve conhecer o mínimo da teoria das cores para usá-las a seu favor.

Para a legibilidade da informação, o contraste de cor é muito importante, além de ser um elemento que faz a diferença na composição. Uma dica é abusar do uso do círculo cromático, pois será de grande auxílio no momento da criação.

Nem é preciso dizer que a legibilidade do texto, seja em uma página da *web*, seja em material gráfico, pode ser afetada pela combinação de cores escolhidas para diferenciar o primeiro plano do plano de fundo. Provavelmente, todos nós já visitamos algum *site* em que, por exemplo, foi usado um texto preto sobre um fundo roxo-escuro, o que dificulta enxergar as informações com precisão. Esse problema desapareceria se todas as páginas da *web* fossem criadas com textos em preto e com um fundo branco – mas seria uma página muito monótona.

As diretrizes de *design* da *web* geralmente incluem recomendações para a combinação de cores apropriadas, entre as quais está o alto contraste entre o texto e o fundo, com ênfase particular no tradicional preto no branco. Os "gurus da *web*" são rápidos em fazer declarações sobre *design* e texto legível, como a ideia de usar cor de texto em alto contraste com o fundo, estabelecendo-se como regra para a boa legibilidade a utilização do preto em fundo branco (texto positivo) ou texto branco em fundo preto (texto negativo). No entanto, embora a taxa de contraste seja a mesma do texto positivo, o esquema de cores invertido confunde um pouco as pessoas, retardando a leitura. Ademais, em esquemas de cores que tornam o texto mais claro que o preto puro, a legibilidade fica um tanto mais difícil, especialmente se o fundo for mais escuro do que o branco (Nielsen, 2000).

Uma pesquisa realizada por Hall e Hanna (2004) contou com a participação de usuários para avaliar a legibilidade em páginas da *web* ao comparar duas páginas, uma com conteúdo educacional e outra com conteúdo comercial. As principais descobertas em termos de legibilidade foram as seguintes: (i) as cores com maior taxa de contraste, geralmente, resultam em maior legibilidade; (ii) a combinação de cores não afetou significativamente a retenção do conteúdo; (iii) as cores preferidas (ou seja, tons de azul e harmonias monocromáticas) foram classificadas como tendo mais qualidade estética e responsáveis por favorecer uma alta intenção de compra; (iv) as avaliações da qualidade estética foram fortemente relacionadas à intenção de compra.

Dessa forma, para se certificar de que o conteúdo seja facilmente visto e lido, é necessário criar um contraste nítido entre a cor do texto e a do fundo. As cores são responsáveis por diminuir ou aumentar a visibilidade das letras. No caso de contraste invertido (letras claras sobre fundo escuro), a visão periférica pode ser prejudicada no momento da leitura, bem como distrair o leitor.

Com relação à velocidade de leitura, as pesquisas indicaram que podem acontecer reduções significativas conforme as combinações de cores utilizadas. De modo geral, a velocidade de leitura não é prejudicada quando se faz uso de até 70% de contraste de brilho entre o texto e o fundo. É importante deixar claro que o contraste de brilho é diferente do de cor. Assim, entre as cores azul e laranja existe grande contraste de cor, mas pouco contraste de brilho. Da mesma maneira, um amarelo sólido sobre um fundo com 10% de outro tom de amarelo não tem mais que 70% de contraste de brilho, pois o amarelo sólido já é muito claro. As combinações mais "desastrosas" foram o uso do verde-azulado sobre um fundo preto, do azul-petróleo sobre a página preta e do azul-claro de baixo contraste sobre um fundo azul-escuro (Hall; Hanna, 2004).

Quanto ao quesito compreensão do texto, os estudos demonstraram a preferência por textos de cores escuras sobre fundos claros. De fato, a compreensão melhora quanto mais claro é o fundo e mais escura é a cor do texto. Dessa maneira, o texto na cor preta sobre o fundo branco é a escolha mais lógica, principalmente sobre papel, embora as composições de azul-claro/escuro tenham sido indicadas como esteticamente agradáveis. Isso enfatiza o fato de que a utilização de harmonias monocromáticas é apontada como mais agradável e estimulante, ainda que seja interessante notar que a página na cor azul-claro/azul-escuro foi avaliada positivamente quando comparada com a página de cor azul-petróleo sobre um fundo preto. Isso reforça a ideia de que a sutileza é um fator importante na estética do *design* (Hall; Hanna, 2004).

Nesse sentido, o melhor é não usar o mesmo esquema de cores para ambos, e sim ter um fundo claro com texto escuro ou vice-versa. Essa regra vale, também, ao se colocar texto em imagens. Para os parágrafos mais longos, deve-se optar por textos mais escuros para ajudar o foco do leitor.

Com relação ao aspecto da aparência profissional de um material gráfico, os usuários apontaram claramente que o preto no branco denota profissionalismo (ou seja, seriedade e responsabilidade) mais fortemente do que outras combinações de cores. No entanto, quanto à aparência de páginas da *web*, essa combinação foi considerada como um componente de fator estético. Assim, pôde-se observar que a aparência de seriedade produzida pelo uso do preto no branco estava estreitamente relacionada aos itens de legibilidade mais do que a outros itens estéticos, como ser agradável de olhar e ser estimulante para os olhos (Hall; Hanna, 2004).

Desse modo, os resultados das pesquisas indicaram o quanto é importante para *designers* da *web* entender regras básicas de colorimetria, harmonia de cores e simbolismo da cor nas diversas culturas, bem como os desafios enfrentados por usuários com deficiência visual para identificá-las.

8.4 Combinações de cores de sucesso

Algumas cores geram bons resultados quando utilizadas em conjunto. A esse respeito, seguem algumas dicas:

- **Amarelo e azul**: essa é uma combinação que agrada a maioria dos usuários. Nesse caso, recomenda-se testar os tons de azul mais claros e acinzentados. Porém, deve-se dar preferência ao azul nas grandes áreas e textos, explorando seus diversos tons. O amarelo vivo pode ser usado para detalhes e alguns destaques da arte.
- **Azul e laranja**: essa combinação é perfeita e permite obter ótimos efeitos para impressos relacionados à ideia de diversão. Assim como para o azul e o amarelo, é melhor combinar tons de azul-acinzentado com laranja vivo, obtendo-se um excelente resultado. Em combinação, a cor laranja, que é uma tonalidade quente, tem a capacidade de aquecer o azul, conferindo um visual moderno, diferenciado e notável ao *layout*. Essa combinação de cores é amplamente utilizada quando se deseja passar a ideia de entretenimento.
- **Verde e branco**: o verde é a cor que simboliza esperança, prosperidade e natureza. Tem sido bastante relacionado à prática de atividades físicas. Contudo, é uma cor considerada "perigosa" pelos profissionais de *design* e propaganda. A escolha criteriosa do tom aliada ao branco torna o *layout* agradável e, ao mesmo tempo, sofisticado. Recomenda-se combinar os tons a partir do verde mais metálico e levemente azulado, que, associado ao branco, sugere limpeza e bom gosto. Outras variações de verde podem ser testadas, combinando-se tons claros e escuros.
- **Cinza e vermelho**: essa composição sugere elegância e força, "aquecendo" os tons de cinza. A combinação pede tons mais claros de cinza, com alguns pontos destacados por tons de cinza-escuro. Assim, o vermelho-escuro sugere força e "esquenta" os tons muito frios de cinza.

- **Azul e cinza**: apesar de fria, essa combinação é muito agradável. Aliás, inúmeros *sites* na *web* optam por essas tonalidades, por serem clássicas, sofisticadas e, quase sempre, indispensáveis quando não se pretende fazer testes. Entretanto, deve-se atentar para o fato de que existem alguns tons de azul para os quais se recomenda cautela no uso. Por exemplo, o azul puro, por ser uma cor muito forte, se aplicada a grandes espaços, tende a desagradar aos olhos. Para grandes áreas, é mais interessante recorrer a tons de azul-acinzentado. Já com relação ao cinza, qualquer tom é permitido, desde o mais claro até o escuro. Quanto a este último, é preciso ter cautela para não deixar o visual pesado.
- **Preto e cinza**: apesar de serem cores que intimidam, a união de preto e cinza torna o *layout* elegante e muito sofisticado. Nessa combinação, é possível abusar dos tons de cinza mais claros, deixando-se os detalhes para o preto. O inverso não deve ser utilizado, pois o uso do preto em grandes áreas torna difícil o contraste para a leitura.
- **Preto, vermelho-escuro e branco**: o preto e o vermelho-escuro são duas cores muito densas; portanto, utilizá-las em uma mesma página não é recomendável. Todavia, se na composição há o branco em maior quantidade, tais cores, em conjunto, possibilitam uma aparência suntuosa e requintada.
- **Amarelo, cinza e laranja**: o amarelo e o laranja são duas cores quentes que passam a ideia de entusiasmo e otimismo. Se combinadas com a cor cinza, conferem um aspecto jovial, contemporâneo e original à composição.
- **Bege e branco ou cinza e branco**: tanto a cor bege quanto a cinza são tonalidades suaves e podem ser combinadas livremente

com o branco, possibilitando compor páginas para qualquer público. Essas combinações produzem composições discretas, despretensiosas e elegantes, por isso são muito versáteis.

8.5 Combinações de cores desfavoráveis

Em contraposição ao exposto na seção anterior, há combinações de cores que devem ser evitadas, pois exercem um efeito desastroso. Vejamos os casos a seguir:

- **Verde e amarelo**: o verde é uma cor difícil de combinar. Dessa forma, ela é mais adequada a combinações com cores neutras (branco ou cinza). Além disso, diversos tons de verde são desagradáveis aos olhos em uma tela de monitor. Os tons de amarelo são muito vivos e, ao serem combinados com o verde, tendem a destoar. Assim, não é recomendável a utilização dessas duas cores juntas em composições, principalmente de *websites*.
- **Vermelho e preto:** como essas cores transmitem peso e sensualidade, deve-se evitar utilizá-las juntas em uma página. Além de prejudicar a legibilidade do *website*, essa combinação pode rapidamente provocar o cansaço dos olhos.
- **Verde e vermelho**: embora sejam cores complementares, verde e vermelho, em combinação, disputam o "mesmo espaço". Ao escolher uma dessas cores como predominante, a outra deve ser aplicada em bem pouca quantidade.
- **Laranja e vermelho ou amarelo e vermelho**: todas essas são cores quentes e devem ser utilizadas com parcimônia. Tais duplas

de cores formam combinações que não podem ser empregadas como os únicos tons de uma composição, e sim em associação com tons mais frios, como tons de cinza ou azul, devendo-se preferir o tom de vermelho mais escuro, que confere maior suavidade (Andrade, 2022). O laranja e o amarelo podem ser utilizados em conjunto, desde que com cautela, pois essa combinação tende a ser extravagante.

- **Lilás e preto**: o lilás é uma bela cor e, também, exótica, pois traz em si a sensação de mistério e medo. Em conjunto com o preto, pode sugerir morbidez. O lilás é um matiz que pode ser bem aproveitado em composições mais divertidas e joviais. Nesse sentido, uma boa composição pode ser formada ao se utilizar um tom de lilás-claro combinado com amarelo ou laranja.
- **Branco e amarelo**: o amarelo, principalmente em sua tonalidade pura, é uma cor alegre e vibrante, porém, em associação com a cor branca, a composição tende a ficar esmaecida. Dessa maneira, como acontece com a composição com cores escuras, que tende a ficar carregada, as cores muito claras em conjunto desagradam aos olhos com a mesma intensidade.

8.6 Relações entre cor e forma

Por um longo tempo, os estudos das cores e das formas foram desenvolvidos sem interação entre si, embora algumas teorias tenham sido propostas de forma intuitiva e empírica.

Na década de 1920, os artistas e professores da Escola Bauhaus pesquisaram intensamente a relação entre cor e forma como recurso, de modo que ambas fossem aplicáveis universalmente na arte e no *design* e se tornassem meios eficazes de comunicação, aspecto que pode ser encontrado em toda a teoria propagada pela escola. Alguns autores, como Wassily Kandinsky (1866-1944), Karl Gerstner (1930-2017) e Johannes Itten (1888-1967), tentaram organizar estudos sobre o assunto sob a perspectiva de um processo metodológico. De fato, na Escola Bauhaus, as teorias sobre a conexão entre cor e forma foram implementadas em diversas áreas, como nos *designs* gráficos e de interiores, na aplicação de sistemas de orientação gráfica, em *designs* de pôsteres, de paredes e de móveis.

Os professores Itten e Kandinsky conferiram cores às formas geométricas para alcançar efeitos expressivos e, com seus alunos, desenvolveram esquemas de cores que são válidos até hoje. Em seus trabalhos, investigaram a conexão entre cores primárias e formas e atribuíram certas propriedades e características às cores, de maneira que, atualmente, o triângulo amarelo, o círculo azul e o quadrado vermelho estão inequivocamente conectados à Bauhaus. Kandinsky defendia que a cor e a forma eram os dois elementos que a pintura deveria utilizar para alcançar seus propósitos, havendo uma relação direta entre elas, o que o levou a pesquisar os efeitos que poderiam exercer independentemente uma da outra (Gage, 1995).

Kandinsky acreditava no fato de que as cores têm certos efeitos e as diferenciou de acordo com o grau de calor e frio, bem como com o brilho e a escuridão. Assim, ele atribuiu certas propriedades às cores, descrevendo, por exemplo, o amarelo como excêntrico e proeminente e, em contraste, o azul como concêntrico e recuado. O amarelo foi classificado como cor quente, e o azul, como fria. Segundo Kandinsky, a cor vermelha se situa entre as cores azul e amarelo e, portanto, foi classificada como média quente (Kandinsky, 1991).

O amarelo foi atribuído ao triângulo porque a forma em ângulo agudo também foi percebida como quente. De acordo com a teoria de Kandinsky, quanto mais pontiaguda é a forma, mais quente ela é e, quanto mais comedido é o ângulo da forma, mais fria ela se apresenta. A forma circular foi, portanto, atribuída à cor azul, uma vez que o círculo não tem ângulos, sendo classificado como uma forma fria. O quadrado não é tão agudo quanto o triângulo, mas também não é desprovido de ângulos, como um círculo, sendo, por isso, relacionado à cor vermelha. Essa classificação baseou-se nos sentimentos subjetivos de Kandinsky e, mais tarde, seria comprovada empiricamente por meio de um questionário aplicado na Escola Bauhaus da cidade de Weimar (Alemanha). Embora essa análise da relação entre forma e cor não tenha sido baseada em nenhuma evidência científica, a maioria dos alunos a adotou.

Karl Gerstner, artista suíço, adaptou uma sugestão de Kandinsky, explorando e expressando o conceito de mudanças contínuas e medidas uniformes para as três dimensões da cor: matiz, tom e saturação. Depois de uma pesquisa considerável, Gerstner encontrou um sistema de formas geométricas simples e simétricas que poderiam ser continuamente transformadas de uma para a outra, de modo que cada cor pudesse receber sua própria forma distinta.

Apesar de suas sequências sobrepostas de formas em constante transformação tenham um efeito agradável, prevendo três graus de liberdade no espaço de cores, o dispositivo geométrico de Gerstner permite esquecer a forma para se concentrar na cor. Assim, o artista buscou fazer uma representação geométrica do "espaço" da cor, preferindo o sistema de Wyszecki ao sistema de Munsell.

O sistema Wyszecki, proposto em 1965, é baseado na simetria cristalina obtida ao empilhar esferas iguais. Isso substitui os cilindros concêntricos de igual saturação de Munsell por planos paralelos, em um conjunto de sete planos de clivagem. Dessa forma, Wyszecki desenvolveu o colorímetro de sete campos, com o qual um observador pode ver um ou mais dos sete campos hexagonais, sendo que cada um conta com fontes RGB controláveis separadamente, obtidas com luz filtrada misturada em uma esfera integradora (Gerstner, 1986).

Os estudos de Itten (1992) se concentraram, inicialmente, em identificar e projetar contrastes de cores e as relações existentes entre elas. Os tipos de contraste que ele investigou e que são amplamente conhecidos influenciam o *design*, a arte e a arquitetura até hoje. Em seu livro *A arte da cor*, o artista também descreveu a expressão e o efeito das cores e, em sua teoria das cores, começou a atribuir formas abstratas e geométricas às cores individuais.

Para Itten, a cor vermelha representa a substância física, parece estática e pesada, razão pela qual ele a atribuiu à forma estática do quadrado. Por seu turno, o amarelo parece feroz e agressivo, tem um caráter leve e representa a mente e o pensamento, correspondendo ao triângulo. A cor azul, por outro lado, parece redonda, evocando uma sensação de relaxamento e movimento, que representa o espírito que se move dentro de si. Por esse motivo, o círculo corresponde à cor azul, constituindo um símbolo de movimento constante (Itten, 1992).

No entanto, o pintor não explorava apenas a forma das três cores primárias (vermelho, amarelo e azul). Ele também derivou formas geométricas correspondentes para as cores secundárias (laranja, verde e violeta), que se encontram no círculo cromático. Assim, entre o quadrado vermelho e o triângulo amarelo está o trapézio laranja. Na transição do círculo azul para o quadrado vermelho, Itten criou uma elipse representando a cor violeta e, entre o triângulo amarelo e o círculo azul, formou um triângulo verde esférico com cantos arredondados. Conforme Itten (1992), se a cor e a forma estão de acordo em suas expressões, seus efeitos se somam.

De fato, os estudos dos três pesquisadores da Escola Bauhaus foram de grande importância, influenciando artistas e *designers* da época. Porém, algumas pesquisas que tratam da relação entre cor e forma, obedecendo ao rigor científico, concluíram que a correlação entre figuras geométricas elementares e cores fundamentais não existe, não validando, portanto, o postulado de Kandinsky (Dumitrescu, 2003).

SÍNTESE

Neste capítulo, esclarecemos a importância da cor no que diz respeito ao *design*. Abordamos o uso da cor como marca, a interação entre as cores e a questão da legibilidade, bem como fornecemos explicações detalhadas sobre o que as cores podem representar em relação ao nosso humor, ao nosso estado emocional e ao aspecto comportamental.

QUESTÕES PARA REVISÃO

1. Quais são os principais poderes da cor no *design*?

2. Em qual percentual a cor influencia na escolha do cliente?

3. Assinale a alternativa que apresenta corretamente as interações entre cores complementares divididas:

    a. Uma cor principal e duas cores próximas.
    b. Três cores em igualdade.
    c. Cores opostas no círculo cromático.
    d. Saturação de uma única cor.
    e. Três cores análogas mais uma complementar.

4. Qual das combinações a seguir é pouco favorável?

    a. Amarelo e azul.
    b. Verde e vermelho.
    c. Azul e cinza.
    d. Verde e branco.
    e. Preto e cinza.

5. Em um texto em alto contraste, quando usamos o preto sobre fundo branco, dizemos que se trata de um:

    a. Texto emotivo.
    b. Texto explicativo.
    c. Texto positivo.
    d. Texto expositivo.
    e. Texto negativo.

QUESTÃO PARA REFLEXÃO

1. Após todas as explanações sobre cores apresentadas neste capítulo, reflita: Como imaginar um mundo sem cores?

agsandrew/Shutterstock

CAPÍTULO 9

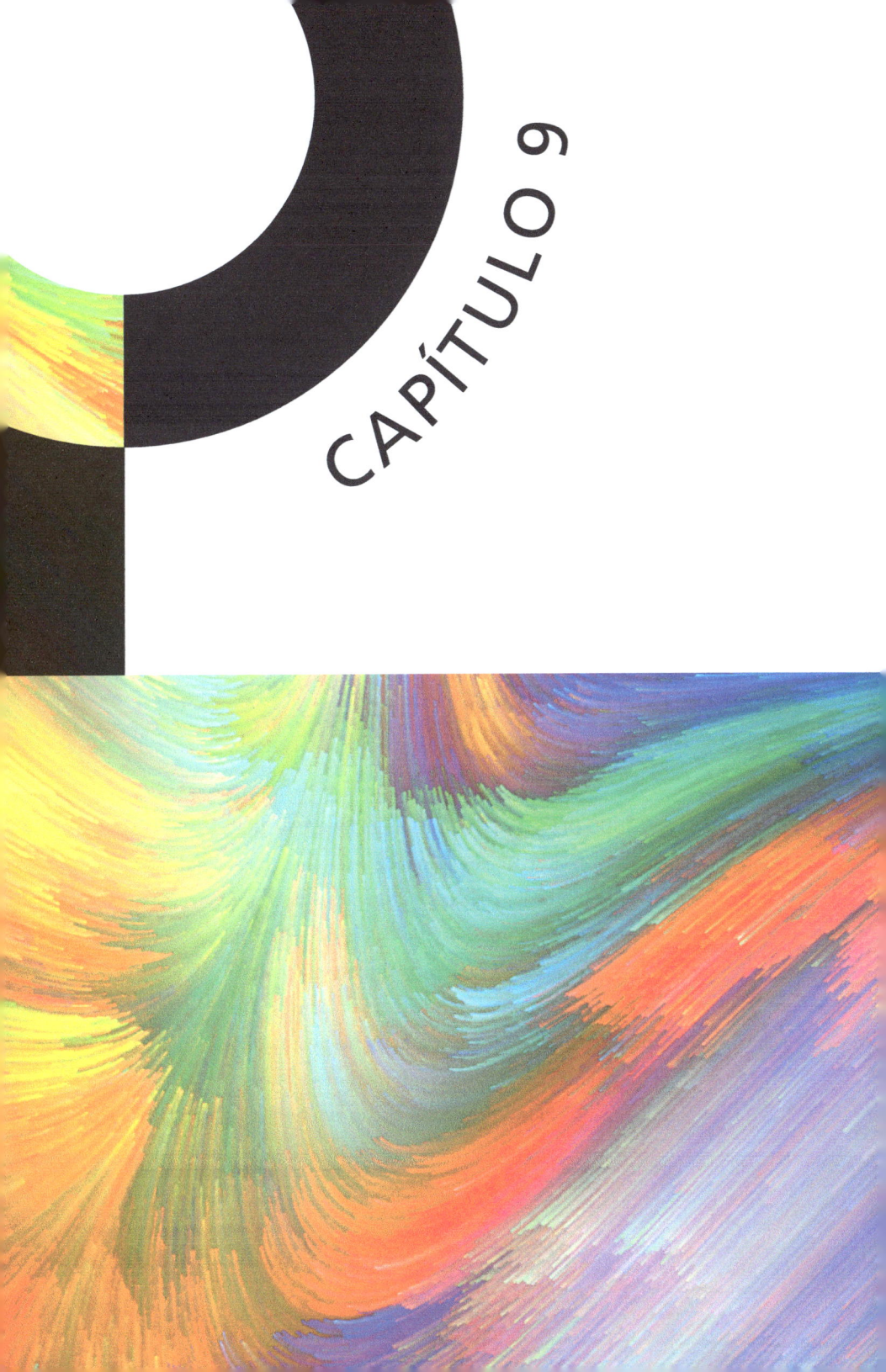

APLICAÇÃO DA COR NO *DESIGN* VISUAL

A cor é o toque, o olho, o martelo que faz vibrar a alma, o instrumento de mil cordas.

Wassily Kandinsky

CONTEÚDOS DO CAPÍTULO:
- Técnicas das cores.
- Aspectos fisiológicos da cor.
- Harmonia das cores.
- Acessibilidade, inclusão e cor.

APÓS O ESTUDO DESTE CAPÍTULO, VOCÊ SERÁ CAPAZ DE:
1. entender que o uso das cores, em todo o seu espectro, está disponível para a aplicação em todas as variações de materiais existentes;
2. compreender que os aspectos fisiológicos da cor dizem respeito à interferência que elas podem causar no complexo humano;
3. perceber que a harmonia não precisa ser apenas agradável e equilibrada, podendo ser também dramática, tensa, alegre ou sombria;
4. explicar que uma das mais belas formas de inclusão se dá por meio das cores, possibilitando a deficientes visuais autonomia e dignidade.

O estudo do elemento cor na composição tem uma dupla finalidade. Primeiramente, tem por objetivo oferecer uma base abrangente sobre as interações das cores e a forma como as percebemos; em segundo lugar, visa apresentar e explorar aspectos da composição mediante a compreensão dos componentes visuais básicos e das expressões relevantes para a comunicação visual.

Em contraste com as teorias científicas sobre a ordem das cores, a teoria artístico-estética não tem uma definição clara. A teoria das cores, portanto, inclui teorias estéticas e científicas sobre a função e o efeito delas. Nesse sentido, pode ser entendida como a doutrina da aparência, que deve ser estritamente separada da doutrina dos pigmentos (tintas). A teoria estética da cor trata da harmonia, dos contrastes e das misturas de cores quanto à composição de um projeto ou de uma obra.

9.1 Técnicas de cores

No passado, as tintas e os materiais coloridos eram escassos, o que limitava a comunicação de cores. Algumas delas dificilmente eram usadas, porque se tratava de tintas de difícil acesso, ou seja, que exigiam matérias-primas especiais, técnicas avançadas e divisão de áreas. Atualmente, no entanto, o uso das cores em todo o seu espectro está disponível para a aplicação em todas as variações de materiais existentes. Um exemplo são os setores da mídia: após um aparecimento inicial em preto e branco, a demanda pela representação de cores rapidamente se desenvolveu, pois foram criadas condições técnicas para isso.

Assim, para a boa aplicação da cor nas composições com vistas à qualidade estética, além do conjunto harmonioso e do caráter estilístico das cores, podem ser consideradas as relações quantitativas e dimensionais dos valores das cores, bem como de sua disposição. Desse modo, o objetivo dos métodos de composição de cores é o efeito estético geral, e sua tarefa é estruturar o espetáculo para atrair e direcionar a atenção do público (Bergström, 2009).

Como ponto de partida para trabalhar a cor na composição, selecionamos uma paleta com um número limitado de cores (Figura 9.1) para demonstrar os princípios de harmonia de cores.

Figura 9.1 – **Paleta de 28 itens editada a partir de três cores**

A mesma combinação de cores tem um efeito e um significado distintos conforme a área da superfície e a disposição das cores (Figura 9.2). É importante observar que, ao aplicar cores da mesma paleta em superfícies de tamanhos e proporções desiguais, um clima diferente é criado. Se uma das cores é removida ou substituída, o efeito estético, o estilo e a mensagem do conjunto se transformam.

Figura 9.2 – **Proporção de cores, com cinco cores em duas hierarquias diferentes**

Vale a pena criar uma hierarquia de cores, ou seja, escolher uma ou duas principais para atuarem em conjunto com outras em menor quantidade – mas o efeito geral deve sempre ser testado. Assim, as cores principais e as secundárias ocuparão tamanhos (proporções) diferentes na superfície, o que ocasionará uma mudança na informação passada. O tom da composição será determinado pela cor que ocupa a maior superfície, pois ela será predominante, chamando a atenção em primeiro lugar, conforme demonstra a Figura 9.3.

Sob essa perspectiva, na composição de cores, há três aspectos básicos a considerar e trabalhar:

1. extensão do espaço de cor;
2. *layout* da composição;
3. composição dinâmica e estática da cor.

Figura 9.3 – **Extensão de tamanho: dimensões expressam uma hierarquia**

9.1.1 Extensão: tamanho e quantidade

As relações quantitativas (multiplicidade das formas e diferenças de tamanho) expressam hierarquias. Como ilustra a Figura 9.4, a grande superfície de cor parece acentuada, forte, e a superfície menor torna-se irrelevante. Alterar (aumentar, diminuir) o tamanho do espaço de cor determina o tom da composição.

Figura 9.4 – **Extensão de quantidade: relações quantitativas expressam uma hierarquia**

9.1.2 Extensão: dimensão

O efeito geral das cores também depende da extensão da área de superfície que os pontos coloridos ocupam. Conforme a dimensão, pode ser um ponto, uma linha, um campo ou várias transições e combinações. A cor do ponto menor e da linha fina é menos pronunciada do que a do campo maior e da linha mais espessa. Ao mesmo tempo, a linha muito fina também modifica a composição geral com sua cor (Figura 9.5).

Figura 9.5 – **Dimensão: pontos e espessuras de linha de diferentes tamanhos**

A Figura 9.6 demonstra o contraste complexo e especial denominado *efeito Bezold*, por meio do qual a moldura fina define o efeito da cor de toda a composição: a moldura preta confere um tom mais escuro; a moldura branca, um efeito mais claro; e a verde gera uma impressão geral mais fria e fragmentada. Interiormente todos os quadrados são da mesma tonalidade de azul. A diversidade está apenas nas linhas finas dos contornos, com cores diferentes. O efeito geral do primeiro grupo (a) é mais escuro, o do segundo (b) é mais claro, enquanto o do terceiro (c) dá a sensação de mais frio.

Figura 9.6 – **Extensão – quantidade: efeito de contornos de diferentes cores**

9.1.3 *Layout*: hierarquia

Em uma composição, o local ocupado pelas cores tem uma força significativa. De forma semelhante à característica quantitativa, a localização indica uma hierarquia de cores conforme os tons são colocados nas regiões superiores, inferiores ou nas bordas, em direções opostas ou diagonais. A Figura 9.7 exemplifica a força que cada cor assume de acordo com o seu posicionamento na superfície.

Figura 9.7 – **Hierarquia vertical: o que está acima é mais significativo**

9.1.4 *Layout*: agrupamento

As cores trabalham muito bem quando em grupo, não obtendo tanta força quando estão sozinhas, ou seja, as cores vizinhas exercem influência umas sobre as outras. Assim, a proximidade é um princípio importante no mundo do visual e da cor. Um caso especial de proximidade diz respeito ao agrupamento, ou seja, quando as mesmas cores (ou relacionadas) estão mais próximas umas das outras, o efeito é como o de uma grande mancha de cor.

Via de regra, quando agrupadas, as cores determinam o efeito geral da composição, desde que seu tamanho e área de superfície sejam apropriados. Na Figura 9.8, as imagens (a) e (b) têm as mesmas cores e na mesma quantidade. No entanto, em (a), o tom verde está espalhado pela imagem e, em (b), forma um grupo coeso, sendo, portanto, mais marcante.

Figura 9.8 – **Cores espalhadas aleatoriamente (a) e agrupamento de cores (b)**

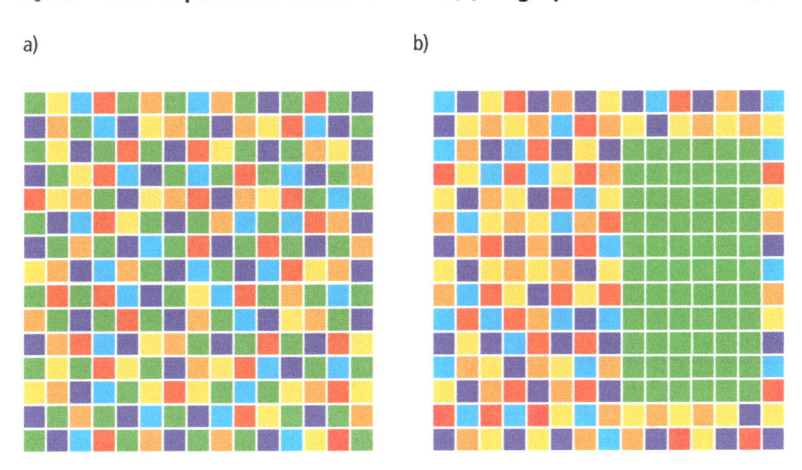

a) b)

9.1.5 *Layout*: ritmo de cores

A repetição regular da mesma cor e forma confere a um grupo de cores uma dimensão temporal. O ritmo chama a atenção em todos os ramos da arte. O ritmo da cor é uma ferramenta milenar utilizada nas artes decorativas e folclóricas (Figura 9.9). O elemento da cor em movimento (animação, luz intermitente, letreiro em neon) provoca um ritmo real ao qual os olhos são particularmente sensíveis.

Figura 9.9 – **Ritmo da cor: simples (a) e complexo (b)**

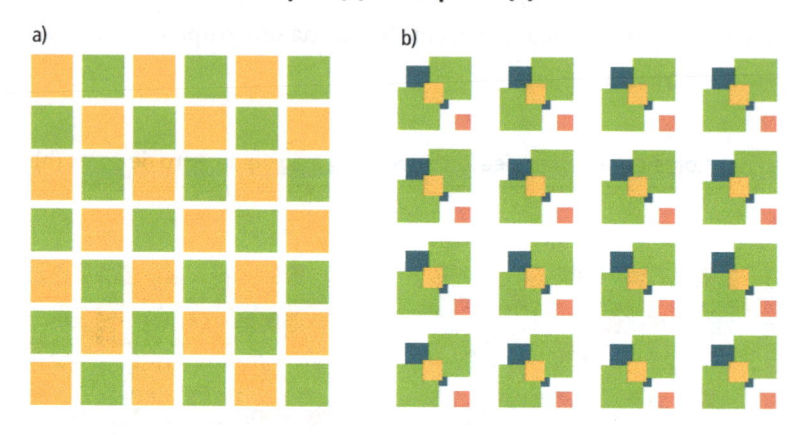

a)

b)

9.1.6 **Composição dinâmica ou estática**

O caráter dinâmico ou estático da composição (independentemente da disposição dos pontos de cor) é consequência, principalmente, da intensidade do contraste de cores. Na **estática** (Figura 9.10), a composição de cores é calma e caracterizada por contrastes pobres. Entre os tipos de harmonia, vale a pena escolher a harmonia grupal, em que as cores se inter-relacionam.

Figura 9.10 – **Composição estática: contraste de cor pobre, harmonia de grupo, cores frias e opacas**

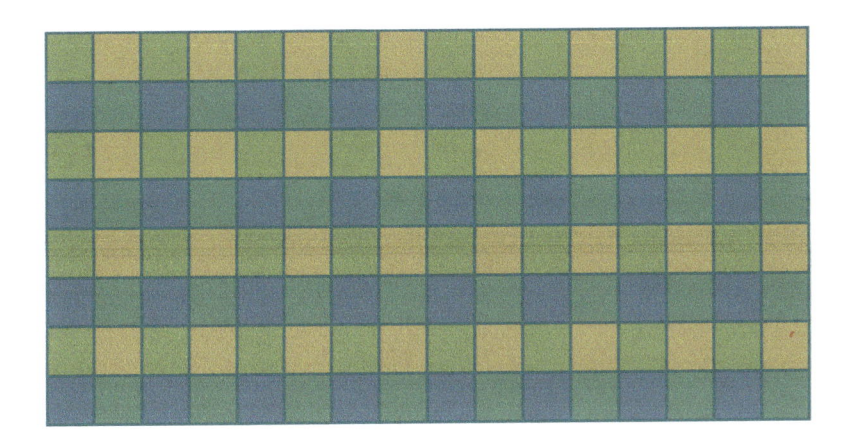

Por sua vez, a composição **dinâmica** utiliza cores vibrantes e é caracterizada por forte contraste, cores vivas e quentes (Figura 9.11). O contraste é necessário não apenas entre os matizes, mas também nos valores de brilho. Entre os tipos de harmonia, vale usar as complementares ou de igual divisão, em que as cores são distantes.

Figura 9.11 – **Composição dinâmica: cor forte e contraste de brilho, cores brilhantes e, principalmente, quentes**

9.2 Aspectos fisiológicos da cor

A princípio, a ação da cor é fisiológica e subjetiva, pois a cor é apenas uma sensação. Porém, a denominação *cor fisiológica* aplica-se às "cores que interferem em nosso organismo de forma dominante em sua produção. As cores fisiológicas mais comuns são as produzidas por saturação retiniana" (Pedrosa, 2004, p. 107).

A percepção visual não é instantânea, isto é, há certo tempo de latência para tal ação acontecer. Do mesmo modo, o desaparecimento de algo visualizado não é instantâneo na retina, visto que sempre ocorre uma superposição de imagens no desempenho da visão. Assim, as cores fisiológicas estão subordinadas ao grau de potência dos estímulos luminosos, bem como aos tempos de saturação e de acomodação retiniana. É dessa forma que acontecem os contrastes simultâneos e pós-imagens.

O efeito dos contrastes simultâneos se dá quando duas cores diferentes afetam uma à outra (Figura 9.12), de maneira que, quando ambas são colocadas lado a lado, uma pode mudar a forma como percebemos o tom e o matiz da outra. As cores reais em si não mudam, mas as vemos como alteradas, o que chamamos de *ilusão de ótica*. A fadiga da retina faz com que cores complementares sejam vistas em pós-imagens.

Figura 9.12 – **Exemplo de contraste de cores simultâneas**

Na percepção das cores, ocorrem certos fenômenos fisiológicos distintos daqueles que se originam na percepção psicológica. Para diferenciá-los, é necessário entender algumas questões relacionadas ao surgimento das sensações de cor no cérebro.

Sabe-se que a cor tem um impacto fisiológico, psicológico e social na saúde e no bem-estar de uma pessoa, interferindo no humor e no estado de espírito, além de influenciar as emoções e as ações, bem como a forma como se responde a outras pessoas e situações variadas. Nessa perspectiva, uma completa separação entre os aspectos psicológicos e fisiológicos quanto à percepção das cores é dificilmente viável, porque os dois processos de percepção se sobrepõem. Ademais, possíveis interações entre o reconhecimento de um objeto e sua percepção psicológica não podem ser demonstradas de forma definitiva, uma vez que os processos decisivos que levam ao reconhecimento de um objeto no sistema visual do cérebro ainda não estão claros.

Contudo, no campo fisiológico, as cores geram impulsos eletromagnéticos, ou campos de energia, que ativam os processos bioquímicos e hormonais no corpo humano. Pesquisas recentes (Mayer; Bhikha, 2014) identificaram que o trato retino-hipotalâmico leva esses impulsos diretamente da retina ao hipotálamo, que liga as cores ao sistema nervoso autônomo (SNA). Este regula os sistemas simpático e parassimpático, ambos com funções opostas.

Ao interferirem no sistema nervoso simpático (SNS), algumas frequências de cores podem causar dilatação dos vasos sanguíneos e, aumentando o fluxo sanguíneo, levar ao aumento da frequência cardíaca e da pressão arterial. Essa é a mesma onda de energia que ocorre quando estamos passando por uma situação de perigo iminente, em que temos de responder entre "lutar ou fugir", preparando o corpo para atividades físicas extenuantes.

Logo, cada cor tem seu comprimento de onda e frequência específicos, os quais são capazes de produzir, em nosso organismo, determinados componentes bioquímicos e respostas hormonais que influenciam a fisiologia e o SNA, gerando qualidades estimulantes e energéticas, calmantes e moderadas. Da mesma maneira, certas cores alteram os estados de humor e podem mudar nossos padrões de comportamento.

O vermelho estimula o hipotálamo posterior e, portanto, o SNC; o vermelho e o amarelo provocam raiva. Todas as cores no espectro vermelho (de vermelho/laranja a amarelo) têm um efeito estimulante, ou seja, as tonalidades de vermelho e amarelo estimulam os sentidos, produzindo sentimentos e pensamentos de calor e conforto.

Por sua vez, o azul estimula o hipotálamo anterior, que contém a principal parte reguladora do sistema nervoso parassimpático (SNP). Isso significa que todas as cores no espectro azulado (de azul/verde a lilás ou violeta) normalmente têm um efeito sedativo, de ativação da digestão e de indução do sono. Assim, os tons de azul e violeta estão associados ao frio, isto é, os efeitos positivos das cores quentes estimulam o mental, e as cores frias exercem efeitos calmantes e relaxantes.

As cores que estimulam a circulação, como vermelho, laranja e amarelo, exercem qualidades de calor, que expande e relaxa os músculos, alivia a tensão e a dor. Porém, o calor pode agravar uma inflamação, por exemplo. Já as cores que exercem qualidades de frieza, como violeta e azul, suprimem a circulação e reduzem inflamações, por isso são boas para a artrite ou para músculos com sintomas inflamatórios. No entanto, o frio pode causar mal-estar como a cólica (Mayer; Bhikha, 2014). Desse modo, a cromoterapia utiliza a cor aplicada ao corpo, onde atua de forma a reequilibrar o organismo doentio.

9.2.1 A regra do contraste simultâneo

A maioria dos artistas entende que a teoria da cor desempenha um papel muito importante em seu trabalho. Entretanto, é essencial ir além do círculo cromático, das cores complementares e harmônicas. É aí que entra a teoria do contraste simultâneo.

O químico francês Michel Eugène Chevreul desenvolveu a regra do contraste simultâneo, segundo a qual, se duas cores estiverem próximas, cada uma assumirá o matiz da cor complementar. Para entender isso, é preciso olhar para os matizes subjacentes que constituem uma cor particular. A cor complementar do amarelo-claro é o azul-violeta escuro, e a complementar do vermelho-escuro é o azul-esverdeado claro. Quando essas cores são vistas em seus pares uma ao lado da outra, o vermelho parece ter uma tonalidade mais violeta, e o amarelo, mais verde. Ao mesmo tempo, cores opacas ou quase neutras tornam as cores saturadas mais intensas. O contraste simultâneo é mais intenso com as cores complementares e que estão justapostas nos extremos do círculo cromático.

A seguir, apresentamos algumas regras que valem ouro na criação de composições:

- Uma cor escura colocada ao lado de uma cor clara faz com que ambas pareçam mais brilhantes, ou seja, mais vivas.
- Uma cor escura ao lado de uma cor clara faz com que a cor clara pareça mais clara.
- Uma cor escura colocada próximo à luz faz com que esta (a luz) pareça mais clara, e a cor, mais escura.
- Cores mais quentes parecem mais quentes quando colocadas ao lado das cores frias.
- Cores frias ficam mais frias quando colocadas ao lado de cores quentes.
- Uma cor viva perto de uma cor atenuada faz com que esta pareça mais opaca, ou seja, mais tênue ainda.
- Se duas cores tiverem brilhos semelhantes, elas parecerão menos brilhantes quando colocadas lado a lado.

9.2.2 Teoria tricromática

Por volta de 1850, Helmholtz e Maxwell descobriram que qualquer cor pode ser produzida a partir de três luzes monocromáticas. Essas três cores monocromáticas, que chamamos de *cores primárias*, podem ser escolhidas de forma bastante arbitrária; a única restrição é que a mistura de duas cores primárias não deve resultar numa terceira cor.

Com base nisso, a teoria tricromática assume que existem três receptores diferentes na retina, nas cores vermelha, verde e azul. Essa suposição é principalmente apoiada por estudos com pessoas cuja capacidade de ver as cores é prejudicada, tais como: as daltônicas, que não têm cones suficientes, por isso a mensagem relativa à cor não chega ao cérebro; as pessoas monocromatas, que percebem a cor apenas com uma gradação de intensidade; os dicromatas, em que apenas dois dos três tipos de receptores são funcionais.

Em termos técnicos, a cegueira do vermelho é chamada de *protanopia*, a cegueira do verde é conhecida como *deuteranopia*, e a cegueira do azul é denominada *tritanopia*. Ao serem agrupados todos os distúrbios da visão de cores, eles são encontrados em 10% dos homens e em 0,5% das mulheres (Santos, 2008). Essa enorme diferença de gênero é causada geneticamente.

9.3 Harmonia de cores

Harmonias de cores são comuns na natureza. Algumas de nossas experiências com cores e o amor pela harmonia vêm dos gradientes de cores das folhas de outono, da perspectiva do ar, bem como das luzes e sombras que formam as harmonias naturais.

Consideramos harmônicos os conjuntos de cores que são compatíveis entre si, agradáveis, expressivos ou, pelo contrário, dissonantes. Quando duas cores precisam ser colocadas juntas, deve-se observar se elas chocam uma com a outra ou o quanto elas mudam ao serem vizinhas, embora um conjunto de duas cores ainda não possa ser chamado de *harmonia*. A harmonia se caracteriza quando se deve escolher três ou mais cores para se relacionarem umas com as outras em uma composição.

A harmonia não precisa apenas ser agradável e equilibrada, podendo ser também dramática, tensa, alegre ou sombria. Se o grupo de cores tem uma espécie de poder expressivo, pode ser considerado um conjunto de cores harmônicas e, se bem editado, pode até ser visto como uma obra de arte. Uma harmonia de cores também é chamada de *acorde cromático*.

9.3.1 Teorias de harmonia

Muito já foi escrito a respeito das cores e, nesse contexto, sobre a harmonia entre elas, tendo sido propostas muitas teorias acerca do assunto. Goethe, por exemplo, lidou com as ciências naturais, dedicando a maior parte de seu trabalho à pesquisa sobre cores e suas relações quantitativas, também classificadas como *critérios de harmonia*.

As teorias recentes deram origem às harmonias de cores conforme os aspectos psicofisiológicos, associados a certos efeitos de contraste simultâneo e pós-imagens (Nemcsics, 2004).

Segundo a definição que se revelou mais útil, a condição de harmonia deriva da ordem das escalas – no caso, da ordem das cores. Nessa ótica, a harmonia é um conjunto de tons que se seguem em uma "ordem" específica de acordo com o matiz, a saturação e o brilho (ou alguma combinação desses elementos). O conceito que envolve esse princípio é o de que não existe nenhuma cor "bonita" ou "feia" em si, ou seja, qualquer tom de cor, se colocado no ambiente certo, pode ser estético.

A escala de cores também tem uma explicação psicofísica, assim como na música, em que o número vibracional dos tons da escala forma uma linha regular. Parece que nossa percepção de ordem superior – visão e audição – "gosta" de encontrar um padrão regular como resposta adjacente entre estímulos sucessivos. Assim, a harmonia é um conceito básico tanto na música quanto no mundo das cores.

Conforme Nemcsics (2004), um conjunto de cores coletadas inteiramente ao acaso passa a impressão de desordem. Entre os conjuntos de cores "atraentes" (ou seja, de que muitas pessoas gostam), os conjuntos harmoniosos podem ser detectados por meio de regularidades – e, assim, também podemos dizer que há ordem na variedade. Para Ostwald, quanto mais simples for a ordem, mais óbvia será a harmonia. A maioria dos estudos sobre harmonia prioriza, tradicionalmente, a ordem entre os matizes e atribui menos importância à ordem dos parâmetros de brilho-saturação, embora estes sejam bastante determinantes para se obter a harmonia das cores (Nemcsics, 2004).

9.4 Acessibilidade, inclusão e cor

De acordo com Tim Berners-Lee, diretor do W3C e inventor da *World Wide Web* (WWW), "o poder da *web* está em sua universalidade. O acesso de todos, independentemente da deficiência, é um aspecto essencial" (Vorm, 2022, tradução nossa).

Nos dias de hoje, há cerca de 285 milhões de indivíduos com deficiência visual em todo o mundo, entre os quais 39 milhões são pessoas cegas e 246 milhões, com baixa visão (IAPB, 2022). A categoria de deficiência visual é a que abrange o maior número de pessoas entre todas as deficiências existentes no mundo.

Os indivíduos com diagnóstico de baixa visão são capazes de ver cores, mas têm dificuldade pela baixa acuidade (a visão não é nítida), bem como pela visão de túnel (visualização apenas no meio do campo visual), pela perda de campo central (visualização pelas bordas do campo visual) ou pela visão turva. Assim, são considerados cegos aqueles que têm deficiência visual além do diagnóstico de baixa visão. A expressão *legalmente cego* é utilizada quando a deficiência visual é significativa e o indivíduo necessita de assistência pessoal ou tecnológica em virtude da extrema perda de acuidade visível. Dessa forma, considera-se cegueira a perda substancial e incorrigível da visão em ambos os olhos.

Conforme dados fornecidos pelo *World Report on Disability* (Chan; Zoellick, 2011) e do Vision 2020 (IAPB, 2022), a cada 5 segundos uma pessoa se torna cega no mundo. Ademais, do total de casos de cegueira, 90% ocorrem nos países emergentes e subdesenvolvidos (IAPB, 2022). Diante disto, é de vital importância incorporar *designs* que ofereçam assistência e facilidade de uso para quem tem deficiência visual.

Desse modo, ao priorizar a acessibilidade em seu *design*, você estará abrindo um mundo de possibilidades para um novo público de usuários da *web*, além de uma imensidade de oportunidades de inovação no domínio UX (*user experience* – "experiência do usuário", em português).

O *design* colorido faz parte da acessibilidade tanto quanto as imagens em relação aos textos alternativos. Mesmo que muitas pessoas com deficiência visual percebam mal as cores ou sequer as percebam, não se deve deixar de usar cores na construção da informação. Pelo contrário, quando usadas corretamente, elas aumentam a usabilidade e a acessibilidade.

Como são canais essenciais para transmitir informações, as cores devem ser consideradas e utilizadas, ainda que os usuários sejam pessoas com cegueira, principalmente em criações tridimensionais, ou seja, em produtos e objetos que sejam palpáveis. Nessa perspectiva, alguns pesquisadores se debruçaram sobre o tema no intuito de levar a cor a todas as pessoas, possibilitando a acessibilidade da informação com o objetivo de proporcionar autonomia, independência, inclusão social e qualidade de vida a esse público. Aqui, cabe destacar a criação de uma linguagem tátil para as cores, denominada **See Color**, desenvolvida por Marchi (2019) como resultado de sua tese de doutorado na Universidade Federal do Paraná (UFPR). Tal método já está sendo utilizado por inúmeros deficientes visuais em todo o Brasil.

As cores são um meio excelente de transmitir informações, porém não devem ser usadas como a única característica de qualquer produto. Basta lembrar o princípio multicanal, segundo o qual toda informação deve ser transmitida, pelo menos, de duas maneiras.

O que isso significa? Por exemplo, vamos pensar nas funções de um *site*, as quais são utilizáveis por todos, mesmo que o usuário só consiga visualizar em preto e branco, em tons de cinza ou, ainda, que não consiga visualizar nada. Imagine um formulário que será verificado por um usuário ou servidor no qual alguns erros podem acontecer. Logo, a seguinte mensagem de erro será exibida: "Corrija as entradas nos campos vermelhos" ou "Os campos corretos são destacados em verde". Em um caso como esse, fica impossível para a pessoa com daltonismo ou cegueira verificar e preencher corretamente o formulário. Uma alternativa seria, por exemplo, marcar os campos corretos com um ícone de verificação para os de cor verde e, para os de cor vermelha (os incorretos), marcar com outro ícone (como um X), de forma que os símbolos sejam incorporados via HTML com o texto alternativo correto.

Outro caso é o fato de que algumas pessoas são sensíveis às cores brilhantes. Por isso, estas devem ser usadas com moderação. Isso também se aplica a conteúdos que sejam integrados a outros *sites* e a *banners* publicitários.

Gráficos, diagramas e imagens devem fazer parte do *design* de um projeto, como um *site*, por exemplo. Tais recursos facilitam a compreensão das funções do *site*, pois as imagens tornam o texto mais flexível e podem melhorar a compreensão.

A compreensão de gráficos, isto é, as representações esquemáticas ou diagramas, também deve ser apreendida. Esse processo costuma ser mais intuitivo do que, simplesmente, aprender a ler tais representações, mas ainda exige certo esforço cognitivo, conhecido como *alfabetização visual*. Qualquer pessoa que cria gráficos deve abordar a tarefa de maneira profissional. Os gráficos e fluxogramas devem ser compreensíveis pela perspectiva do observador. Isso significa, por exemplo, que a compreensibilidade é mais importante do que a estética, as cores ou as representações tridimensionais.

Quando falamos em gráficos e diagramas, estamos nos referindo a tudo o que pode ser criado com o uso do computador, como no caso de programas de *design*. As imagens, por outro lado, são buscadas no computador por meio de dispositivos externos, principalmente com uma câmera digital ou um *scanner*.

Apesar disso, no campo da informática existem dois tipos de gráficos: os gráficos *raster* e os gráficos vetoriais. Estes dizem respeito a todos os conteúdos gerados pelo próprio computador, como letras, ícones e outras formas geométricas. São baseados em fórmulas matemáticas, ou seja, podem ser aumentados sem qualquer perda de qualidade. Já os gráficos *raster* são compostos de *pixels*, por isso também são conhecidos como gráficos de *pixel*. Referem-se a todos os conteúdos que chegam ao computador por meio de dispositivos externos, especialmente fotos ou digitalizações. Consistem, assim, em elementos de imagens individuais. Os gráficos de *pixel* ficam borrados quando são aumentados significativamente.

O tipo de gráfico pode ser diferenciado pelo formato do arquivo. Por exemplo, é possível fazer um gráfico no Excel e, dentro do *software*, alterar o diagrama como desejar – trata-se de um gráfico vetorial. Depois de salvá-lo como PNG, ele já se torna um gráfico de *pixel* para ser incluído em um *site*. Por outro lado, também se pode vetorizar um gráfico *raster*, por exemplo, com o Inkscape, mas, ainda assim, ele permanecerá sendo um gráfico vetorial.

Os gráficos *raster* são predominantemente usados em *sites*, porque todos os navegadores gráficos os exibem sem problemas. Os formatos de arquivo GIF, JPG e PNG são particularmente populares. Já os gráficos vetoriais são utilizados principalmente em aplicativos dinâmicos, a exemplo de serviços de mapas, como o OpenStreetMap. Seus formatos mais conhecidos são o Flash e o Scalable Vector Graphics (SVG). Além disso, há o conteúdo gerado ao lado do usuário, ou seja, pelo navegador, via HTML, CSS ou JavaScript. Com o CSS3, pode-se criar gradientes de cor, por exemplo. Já o HTML5 tem o elemento *canvas*, com o qual desenhos bidimensionais podem ser desenvolvidos. Também são gráficos vetoriais, gerados pelo computador, e podem ser alterados usando-se os parâmetros adequados.

9.4.1 Graduação de contraste

O uso consciente do contraste e da cor é essencial para a criação de *sites* acessíveis. Nesse sentido, foram criadas Diretrizes de Acessibilidade para Conteúdo *Web* (WCAG), desenvolvidas pela organização World Wide Web Consortium (W3C). A W3C WAI (*Web Accessibility Initiative*) fornece recursos padronizados e materiais de suporte para ajudar o usuário a entender e implementar a acessibilidade. As soluções da W3C WAI foram elaboradas para tornar *sites*, aplicativos e outras criações digitais mais acessíveis e utilizáveis por todos. Ou seja, trata-se de um padrão internacional que abarca várias recomendações, com o propósito de tornar o conteúdo da *web* mais acessível para as pessoas com deficiência, favorecendo a funcionalidade e a interoperabilidade, cobrindo *sites*, aplicativos e outros conteúdos digitais (W3C, 2022). Tais diretrizes permitem que os conteúdos sejam acessíveis ao maior número de pessoas com deficiência, de modo que todos os usuários, incluindo as pessoas com deficiência visual, sejam capazes de consumir esses conteúdos adequadamente.

Para facilitar a visualização, é indicado utilizar contrastes de cores mais altos entre texto e fundo, além de usar mais espaço livre e bordas para separar blocos de conteúdo. Os usuários com dificuldades de aprendizagem podem se beneficiar de cores contrastantes para compreender o conteúdo. Haver contraste suficiente entre as palavras e o fundo torna a leitura mais fácil e agradável para todos, especialmente em *smartphones* e *tablets*.

No entanto, é necessário ter cuidado e conhecimento sobre as composições de cores, pois, quanto mais cores são introduzidas em uma interface de *design*, mais difícil é identificar rapidamente as ações e *links* primários, mesmo para um usuário com visão normal. Para um indivíduo com daltonismo, isso vai se tornando ainda mais difícil à medida que mais cores são introduzidas. Dessa forma, é de suma importância testar as cores para se certificar de que elas apresentam uma taxa de contraste adequada para facilitar a leitura. Pode-se utilizar, por exemplo, o *plugin* do *software* Sketch, muito empregado nas criações de *design*. Trata-se de uma ferramenta de apoio para checar o contraste e as combinações de cor de um texto com o fundo, levando-se em consideração o tamanho da fonte e do texto.

Por exemplo, o contraste é classificado em três níveis de conformidade (W3C, 2022):

- A (nível mínimo);
- AA, que inclui todos os requisitos de nível A e AA – muitas organizações se esforçam para atingir esse nível;
- AAA, que é o padrão ouro para a acessibilidade.

Ao verificar o contraste do tipo de letra e a legibilidade do fundo ou das barras de navegação, dois itens devem ser avaliados: o dimensionamento dos tipos regular e grande. O regular é definido por um peso de 16 px, sendo o padrão mínimo para o tamanho do corpo do texto. Por sua vez, o grande pode ser definido de duas maneiras: o primeiro tem um peso em negrito com 18 px, e o segundo, um peso normal com 24 px (Vorm, 2022).

Os verificadores de contraste de cores normalmente identificam a conformidade com esses padrões de dimensionamento. Portanto, é interessante, também, marcar os padrões e as diretrizes que a WCAG estabeleceu. Além disso, ao utilizar gráficos, deve-se considerar a necessidade de adicionar texturas ou fixar alguns padrões, o que pode ajudar as pessoas daltônicas a diferenciar os pontos de dados em gráficos (Vorm, 2022).

9.4.2 Combinações de cores

Com relação ao contraste em um nível de acessibilidade geral, discutiremos o que é possível fazer para proporcionar acessibilidade àqueles que têm deficiência na visão de cores. Consideraremos o contraste entre duas ou mais cores.

Quanto à cor, o texto na cor branca funciona melhor sobre tons de fundo mais escuros, e o preto, em fundos mais claros, embora não seja obrigatório ficar apenas com o preto ou o branco. Por isso, deve-se experimentar contrastes com as cores da marca em questão para descobrir o que funciona. A marca deve ser flexível, permitindo diferentes tons de cor, sendo que existem muitas opções para verificar o contraste.

A utilização de vermelho e verde, por exemplo, cores visualizadas por qualquer pessoa com visão normal, claramente gera um contraste notável quando colocadas juntas, mas deve-se ter cuidado com essa combinação. Normalmente, tais cores são usadas para distinguir erro/acerto, bom/ruim, lento/rápido, parar/começar. Porém, um indivíduo com protanopia (sensibilidade reduzida para o vermelho) só as enxergará em tons amarelos esverdeados.

Há *softwares*, como o Adobe Photoshop CC, que oferecem suporte para a simulação do daltonismo, sendo possível revisar as imagens com o Color Universal Design (CUD) para assegurar que as informações gráficas sejam transmitidas com precisão para pessoas com vários tipos de deficiência visual, incluindo pessoas com daltonismo. O Color Safe é outra ferramenta útil que cria paletas de cores para *sites* ou aplicativos. Outros exemplos são: Stark (Sketch e Adobe XD Plugin) e Colorable (*web*) (Vorm, 2022).

As pessoas com visão normal podem ver todos os três cones de luz: vermelho, verde e azul. Por sua vez, as deficiências de visão de cores são divididas em quatro tipos (Pro Visu, 2022):

- **Protanopia**: sensibilidade reduzida para perceber o vermelho.
- **Deuteranopia**: sensibilidade reduzida para perceber o verde.
- **Tritanopia**: sensibilidade reduzida para perceber o azul.
- **Acromatopsia**: impossibilidade de enxergar as cores, ou seja, ocorre apenas a percepção de preto, branco e tons cinza.

Assim, certas combinações de cores devem ser evitadas, tais como: vermelho/verde; verde-claro/amarelo; azul/violeta; azul/cinza; verde/cinza; verde/azul; verde/marrom; verde/preto.

A maneira mais fácil de verificar se as composições de cores escolhidas serão de fácil entendimento é usar um simulador para mostrar como uma pessoa com deficiência visual veria seus projetos. Nesse sentido, Stark (Sketch e Adobe XD Plugin), Spectrum (extensão do Chrome) e Oracle (para Mac e Windows) são recursos recomendados.

Deve-se ter em mente que ser **inclusivo** constitui uma prática ética. Além disso, haverá implicações legais se os projetos não forem acessíveis. A empresa Apple, por exemplo, foi processada por conta de seu *site* ser inacessível para pessoas com deficiência visual.

Nessa direção, projetar para pessoas com deficiência visual é um passo que podemos dar, como *designers*, para incluir todos. Ao termos como foco esse público, estamos estendendo tal benefício a muitos outros, e essa é uma questão de responsabilidade social. Ao definir a cor em seus *designs*, você poderá auxiliar não apenas aqueles que têm uma deficiência permanente, mas também quem está com limitações temporárias e situacionais. Por exemplo, melhorar o contraste de cor pode favorecer as pessoas que ficam em ambientes com condições de muita luminosidade, as quais atrapalham a visibilidade das telas.

SÍNTESE

Neste capítulo, discorremos sobre o uso das cores aplicadas ao *design*. Explicamos de que modo usar as técnicas conforme as variações que o mundo moderno exige. Também abordamos os aspectos fisiológicos no campo da publicidade e destacamos o fato de que usar cores corretamente em uma campanha publicitária pode gerar ótimos lucros. Além disso, enfocamos a necessidade de saber utilizar as harmonias possíveis dentro da técnica.

QUESTÕES PARA REVISÃO

1. Na área de *design*, quais são os aspectos básicos a considerar na composição de cores?

2. Qual é a porcentagem de homens daltônicos no planeta?

3. Qual das seguintes cores não é captada pela retina?

   a. Verde.
   b. Vermelho.
   c. Azul.
   d. Lilás.
   e. Nenhuma das alternativas anteriores.

4. Qual das cores a seguir está atrelada à condição conhecida como *deuteranopia*?

   a. Verde.
   b. Vermelho.
   c. Marrom.
   d. Branco.
   e. Azul.

5. Considerando-se a composição de cores, qual das alternativas a seguir não precisa ser obrigatoriamente considerada?

   a. Associações religiosas das cores.
   b. Extensão do espaço de cor.
   c. *Layout* da composição.
   d. Comprimentos de ondas da cor.
   e. Composição dinâmica e estática da cor.

QUESTÃO PARA REFLEXÃO

1. Atualmente, sabemos que o *design* foi a área que mais se apropriou das cores, tornando-as fatores decisivos para o sucesso ou o fracasso de empreendimentos, independentemente do ramo

a que pertencem. Há pouco tempo, não contávamos com tecnologias que possibilitassem o uso de cores, mas, quando isso se tornou realidade, o universo do *design* se transformou, atingindo níveis de assertividade nunca antes imaginados. Assim, reflita sobre a importância das evoluções tecnológicas para a utilização maximizada das cores.

agsandrew/Shutterstock

CAPÍTULO 10

COR E PRINCÍPIOS DE *DESIGN*

Cor é vida; pois um mundo sem cores nos parece morto.

Johannes Itten

CONTEÚDOS DO CAPÍTULO:
- Significado associativo das cores.
- Como escolher uma paleta de cores.
- A cor em filmes e *games*.
- Psicologia da cor no cinema.
- Aplicação da cor no *design* de ambientes.

APÓS O ESTUDO DESTE CAPÍTULO, VOCÊ SERÁ CAPAZ DE:
1. compreender o significado associativo da cor e sua dualidade interpretativa aplicada ao ambiente visual;
2. entender o que deve ser evitado ao se tratar de cores;
3. compreender diferentes aplicações das cores em *games*;
4. explicar de que modo as cores provocam emoções;
5. discutir a utilização das cores no cinema;
6. reconhecer a força da aplicação das cores no *design* de ambientes.

Muitas pesquisas foram realizadas para descobrir a importância do papel que as cores desempenham e a forma como as traduzimos dentro de nós. Por meio das cores, fazemos associações, e os *designers* podem tirar total proveito disso. Quem é proficiente na psicologia das cores sabe exatamente como e em que medida uma cor pode anunciar uma marca ou um produto para se obter sucesso. Qualquer que seja o caso – um *site*, um panfleto, um pôster ou um logotipo –, cores bem escolhidas podem impulsionar a visibilidade e as vendas de um produto ou de uma empresa. Muitas das marcas mais reconhecidas no mundo confiam na cor como um fator-chave para seu reconhecimento instantâneo, uma vez que as pessoas veem a cor antes de perceber qualquer outro elemento.

10.1 Significados associativos das cores

A cor constitui uma força incrível nas mãos de um bom *designer*. Ela atrai a atenção, evoca emoções e comunica. As cores que você vê em frente às várias lojas, ao caminhar pela rua, influenciam sua decisão mais do que você imagina. Em muitos casos, você escolhe a opção A em vez de B apenas pela influência da cor, sem sequer se dar conta disso. Pesquisadores de mercado (Zylberglejd, 2017) descobriram que as cores influenciam significativamente os hábitos de compra das pessoas e, embora os indivíduos impulsivos sejam mais encorajados a comprar produtos carregados de vermelho, laranja, preto e azul, aqueles que tomam uma decisão com mais critério antes de comprar escolhem produtos em tons de rosa, azul-claro e azul-marinho.

Um especialista em cores consegue criar um *design* atraente com base na cor, desenvolvendo uma composição envolvente. Já um consultor em cores combina psicologia da cor, tendências atuais, estatísticas demográficas, teoria da cor e teoria do *design* para chegar a uma solução informada e bem-sucedida. Acrescente a isso a ciência dos efeitos visuais e fisiológicos (como a cor afeta o corpo humano) e, assim, você terá uma visão geral de como funcionam as cores e de que forma trabalhar bem com elas.

Estudiosos do tema descobriram que atualmente as pessoas não aceitam se sentir como se estivessem sendo persuadidas a comprar um produto. Em razão disso, os profissionais de *marketing* usam pistas subconscientes para atingir a mente dos clientes em relação a determinada marca ou produto. A implementação de cores é uma estratégia utilizada por esses profissionais para influenciar o inconsciente e sensibilizar o público.

Para termos uma ideia de como a cor é importante, em um estudo amplamente divulgado, intitulado "O impacto da cor na publicidade, no *marketing* e no *design*" (*The Impact of Color in Advertising, Marketing and Design*), descobriu-se que 90% das decisões instantâneas que as pessoas tomam sobre os produtos podem ser baseadas apenas na cor (Kaminska, 2014). Assim, a maioria das embalagens e propagandas de produtos é apoiada por uma estratégia bem estruturada, projetada especificamente por profissionais especializados em cores.

Se você usar as cores de maneira adequada, considerando seu público-alvo, poderá aumentar suas vendas significativamente. Para tanto, algumas questões devem ser consideradas. Você já pensou em qual cor seus clientes mais gostam? Depois de definir seu público-alvo, você precisa descobrir a resposta para essa pergunta.

Se, para os *designers*, a cor é um importante fator, igualmente relevante é criar combinações com diferentes cores. Cada uma delas tem um significado, e as possibilidades são infinitas. Logo, para trabalhar com esse foco no *design*, faz-se necessário usar uma paleta específica.

Uma paleta de cores é sempre o resultado de uma inspiração momentânea. Na maioria das vezes, tal inspiração surge a partir de uma abordagem sistemática. Assim, é fundamental iniciar pela identificação do público-alvo e fazer a si mesmo algumas perguntas, tais como: Que mensagem desejo transmitir com esse *design*? Qual é o propósito desse *design*? Deve ser informativo? Como convencer o público? Que emoções pretendo evocar com o *design*? As respostas a tais questionamentos normalmente servem como guia para escolher a melhor paleta.

Lembre-se de que as pessoas reagem de forma diferente conforme os aspectos culturais, bem como de acordo com experiências e preferências pessoais. Como as cores têm tantos significados distintos, é importante combinar os modelos mentais de cores de que você dispõe como *designer* com os do público. Consequentemente, as diferenças demográficas definem as percepções do consumidor sobre as cores. De todo modo, apesar de todas essas características e diferenciações, as cores são essenciais para todas as estratégias de comunicação visual, referentes a um produto, a um logotipo, a um *site* da *web* ou a qualquer outra imagem visual.

Alguns significados de cores são universais entre os povos, mas outros não. O verde, por exemplo, representa universalmente a natureza, pois é a cor da vegetação. No entanto, uma cor como o vermelho é interpretada de forma diferente de acordo com a cultura. No mundo ocidental, essa cor é associada ao fogo, à violência e à guerra. Também está vinculada ao amor e à paixão. Porém, países como a China a associam à prosperidade e à felicidade.

A cor evoca facilmente a visão de um objeto/fenômeno e, em seguida, provoca alterações no estado de espírito, nas emoções, bem como nos conteúdos cognitivos e nas experiências correlacionadas. As associações de pensamentos suscitam recordações. Nesse sentido, a associação de cores surge em nós espontaneamente, sob a influência das memórias, mas esse processo raramente é consciente, ou seja, não depende de nossa vontade. Dar um nome a um conceito de associação torna mais fácil para nossa consciência "acessar" seu conteúdo.

Uma das características da percepção é que, durante o processamento cerebral de estímulos externos, os sentimentos resultantes são conectados uns aos outros, aos conteúdos prévios da consciência e, até mesmo, às sensações de outros tipos de estímulos. A cor, em particular, tem muita valia, pois é facilmente vinculada a outros conceitos e sentimentos (elementos visuais, qualidade do material, som/música, cheiros, gostos etc.). O resultado da experiência individual e coletiva da cor é que objetos, fenômenos e cores visualizados com frequência estão conectados em nossas memórias, tal como o sangue e o vermelho, o céu e o azul, a vegetação e o verde, a terra e o marrom – associações que ocorrem em quase todos os lugares.

A seguir, apresentamos alguns exemplos de associações de cores:

- O tom de verde mais comum é o da vegetação, que é uma das imagens mais antigas para nós.
- Podemos relacionar a cor verde com a vegetação e ignorar os incontáveis tons – essa é a etapa de **abstração**.
- Também podemos nos referir à cor de outro objeto raramente visto. Isso cria uma cor verde "absorvida" dos objetos, chamada de **cor livre**.
- A cor livre geralmente está associada à imagem do objeto mais habitualmente visto com tal cor – essa é a etapa de **associação**.

Figura 10.1 – **Esquema da formação da associação de cores**

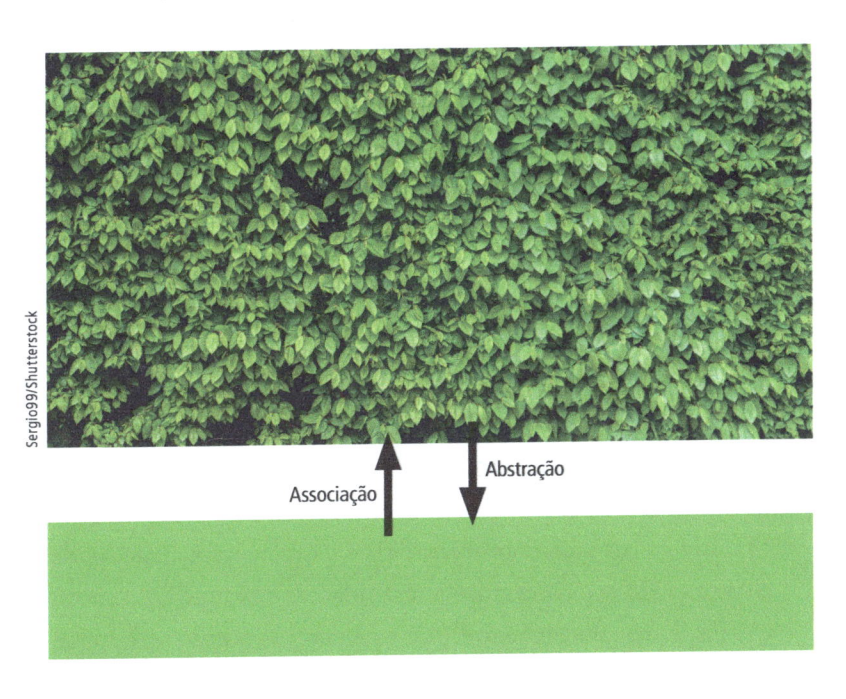

O verde é a cor mais comumente vista. A cor livre é chamada de *abstrata*, conforme demonstra a Figura 10.1. Imagine a porta de uma casa pintada de verde, – a cor dessa porta nos remeterá à ideia de vegetação.

Em outro esquema semelhante, uma associação individual de cor pode ser formada em conexão com outro objeto de referência. Por exemplo, alguém que tenha se apegado a uma caneca verde por muito tempo quando criança poderia lembrar-se de tal caneca ao ver outro objeto verde. Ou seja, muitas pessoas carregam associações individuais de cores. Então, uma cor pode evocar emoções e associações de pensamentos em uma pessoa, sem que outras façam o mesmo vínculo.

As associações facilmente formam uma cadeia em que semelhanças e conceitos relacionados transmitem significados uns aos outros, e uma série de associações de imagens podem ser criadas. Tais associações são os vínculos de permanência, que, embora dependam de fatores como idade e cultura, perduram; dessa forma, um conteúdo secundário é criado. A esse respeito, acompanhe os exemplos apresentados a seguir:

- O céu está acima, a uma distância inacessível, e é azul; essa cor é imaterial e inacessível, além de ser a cor do(s) deus(es), bem como da religião e da espiritualidade; o azul é sublime e claro, além de ser a cor do conhecimento e da confiabilidade.
- O verde é a cor mais comumente vista na vegetação; então, pode ser associado aos conceitos de serenidade e esperança. A renovação da primavera enche todos de expectativas otimistas, e a vegetação dificilmente representa uma ameaça para nós (logicamente,

existem plantas venenosas, mas são perigos "passivos" e muito mais fáceis de evitar do que predadores "ativos", por exemplo).

É possível distinguir as associações biológicas, estéticas e simbólicas das cores. Tais distinções entre associações devem compor a base para o uso de cores em símbolos e códigos. O significado de um símbolo ou de um código tem um efeito na associação da cor e, com o tempo, os símbolos e códigos de cor que são sempre vistos podem ser incorporados à associação de pensamentos.

Conforme os significados de uma cor, ela pode ser vinculada a vários conceitos. Entretanto, mesmo um par de conceitos pode ser "legível" de várias maneiras, e a relação entre eles também pode ser articulada de diferentes formas.

A seguir, veja um exemplo simples das possibilidades de interpretação de conceitos relacionados à cor verde:

- Interpretação associativa (básica): a calma vem à mente em associação com o verde, e essa cor remete à serenidade.
- Caráter antropomórfico (humano): o verde é uma cor calma.
- Cor ativa e acionável: o verde acalma e sugere paz de espírito.
- Interpretação impressionante: o verde tem um efeito calmante.
- Interpretação expressiva: o verde expressa calma.
- Interpretação simbólica: o verde é a cor da serenidade.

10.2 Dualidade de significados das cores

Todas as cores, sem exceção, são bivalentes e estão associadas tanto a impressões positivas quanto a impressões negativas. O julgamento não é, necessariamente, decidido pelo remetente da mensagem, já que o destinatário pode interpretá-lo de forma diferente ou, até mesmo, contrária. Por vezes, por exemplo, um objeto ou imagem contém um vermelho brilhante ou uma parte dessa cor; no entanto, uma pessoa, ao visualizá-lo, pode considerá-lo um símbolo comunista, mesmo que esta não tenha sido a intenção do *designer*, enquanto outras pessoas nem cogitam essa ideia.

É possível, igualmente, que algumas cores tenham pouco significado negativo em determinada idade e cultura. Na cultura ocidental, o branco simboliza pureza, elegância, paz e limpeza – noivas, tradicionalmente, vestem branco em seus casamentos. Contudo, em alguns países da Ásia, como na China e nas Coreias, o branco representa a morte, o luto e a má sorte, sendo tradicionalmente usado em funerais. Por sua vez, outras cores podem assumir uma ampla variedade de significados em ambas as faixas de valores. Por exemplo, o vermelho e o amarelo apresentam uma polaridade forte, com muitos significados em ambos os lados. Desse modo, a associação de cores sempre contém elementos subjetivos, ao contrário do símbolo da cor, que é baseado no consenso fixado em determinada cultura.

Logo, as associações são bivalentes para todas as cores, podendo ser classificadas em positivas e negativas, conforme exposto no Quadro 10.1.

Quadro 10.1 – **Associações positivas e negativas de 13 tonalidades de cores**

	Branco
+	pureza, luz, perfeição, dia, paz, virgindade, inocência, solenidade, indefesa, moral, pureza, inverno, neve, mármore
−	vazio, sem vida, frio, corpo humano, fantasma, morte, doença
	Preto
+	solenidade, seriedade, prestígio, pureza, moralidade, profundidade, espaço
−	morte, noite, luto, escuridão, mal, medo, crime, desesperança
	Cinza
+	elegância, seriedade, masculino, moderação, pureza, neutralidade, máquinas de metais, dureza, alta tecnologia
−	chatice, cansaço, pobreza, simplicidade, atípico, insignificância, absurdo, indiferença
	Vermelho
+	vida, fogo, sangue, quente, poder, alegria, vitória, força, feriado, paixão, emoção, sol, amanhecer, amor, erotismo, dinamicidade, coragem, nobreza, movimento, sorte, revolução, saúde instantânea
−	perigo, ameaça, luta, guerra, violência, morte, agressão, fogo, intrusão, agonia, dor, sangue, ferida, altura, pornografia, terror, comunismo, revolução, raiva, ódio, febre, erupção, ferida
	Laranja
+	quente, alegria, atividade, sol, vitalidade, excitação, movimento, animação, apetite, energia, colheita
−	ruído de terror, aspereza, altura, perigo, invasão
	Amarelo
+	luz solar, brilho, verão, alegria, movimento, luz, dourado, quente, brilho, amadurecimento
−	inveja, loucura, raiva, espinhoso, agressão, agitação, seca, azedume, vergonha, veneno, bile, perigo, ciúme, contágio, urina, icterícia, doença, pus, ferida

(continua)

(Quadro 10.1 – continuação)

	Verde
+	calma, vegetação, natureza, meio ambiente, juventude, primavera, frescor, otimismo, esperança, serenidade, segurança, renascimento, saúde, autodefesa, modéstia, adstringência, azedume
–	imaturidade, azedume, passividade, tédio, veneno, umidade, comida estragada, mofado, ciúme, vômito, dor, mal-estar, fezes de ganso, zumbi
	Turquesa
+	água do mar, ar, pureza, frescor, arrefecimento, luz, juventude
–	gelo, frio, afiado, podridão, veneno, alimento estragado, artificialidade
	Azul
+	pureza, tranquilidade, lealdade, paz, conhecimento, espírito, verdade, fé, infinito, ausência de limites, confiabilidade, nobreza, racionalidade, masculino, seriedade, profundidade, meditação, intelectualidade, ar, céu, mar, água salgada, distância, profundidade, imaterialidade
–	frio, tristeza, passividade, melancolia, antinaturalidade, golpe demoníaco/diabólico
	Lilás ou violeta
+	mistério, nostalgia, outono, *vintage*, sacrifício religioso, martírio, arrependimento, reverência, poder, antigo, luxo, romance, gentileza, delicadeza, feminino, fragilidade, serenidade, refrescância
–	tristeza, velho, luto, adeus, misticismo, não racionalidade, melancolia, amargura, raiva, congelamento, envenenamento
	Bordô
+	dignidade, solenidade, orgulho, principesco, luxo, poder, amanhecer, pôr do sol, veludo, martírio, luxúria, sangue
–	esplendor, ostensividade, distância, desejo místico, raiva
	Rosa
+	doce, luz, suave, encantamento, adoração, feminino, bebê, delicadeza, primavera (flor de árvore frutífera), euforia
–	*kitsch*, doce, emoção, sentimento, fraqueza, ridicularidade, calcinha

(Quadro 10.1 – conclusão)

	Marrom
+	terra, solo, outono, casa, quente, recanto, conforto, estabilidade, sobriedade, realismo, solidez, conservadorismo, amigável, força, animal, cuidado, pele, madeira, comida (carne, pão, sementes), café, chocolate
-	pesado, tedioso, sujo, severo, fezes, ferrugem, pobreza

10.3 Associações com tonalidades de cor

Cada cor apresenta inúmeras tonalidades, e o conteúdo das associações é mais ou menos diferente – por exemplo, azul puro e azul fosco, azul-claro e azul-escuro, azul-marinho, azul-esverdeado são todos azuis (Figura 10.2), mas seus significados são diferentes, pois têm conteúdos associativos distintos. O azul opaco fica próximo ao cinza, então assume uma mensagem não tão positiva. Já o azul-claro faz associações com o branco, e o azul-marinho, com o preto. Da mesma forma, o azul-púrpura se presta ao violeta, e o azul-petróleo, ao azul-esverdeado.

Figura 10.2 – **Azul em diferentes tonalidades: associações diferentes**

10.4 Ambiente da cor

O significado de uma cor é influenciado conforme a cor que é colocada ao seu lado. Por exemplo, o vermelho é alegre com o branco, é dramático ou diabólico com o preto, é festivo ou agressivo com o amarelo e forte e dinâmico com o azul (Figura 10.3).

Figura 10.3 – **Vermelho em ambientes de cores diferentes**

10.4.1 Ambiente visual: qualidade do material

A associação do conteúdo da cor depende do tipo de material do objeto, bem como da qualidade e da textura do material visualizado (Figura 10.4).

Figura 10.4 – **Contexto visual: a mesma cor em diferentes objetos e materiais (papel, vidro, tecido, líquido, cetim, laqueado)**

19 STUDIO, master24, Dzha33, Holiday.Photo.Top, AB-7272 e funny face/Shutterstock

10.5 Experiências individuais

O conteúdo da associação também varia conforme a atitude da pessoa, as experiências de cores, as memórias, o estado de espírito atual, bem como os símbolos vinculados a cores que ela conhece e usa (Figura 10.5).

Figura 10.5 – **Torcida de futebol**

Oleksii Sidorov/Shutterstock

10.6 Sinestesia

A cor é associada ao fenômeno da sinestesia ou percepção multimodal, que consiste em um estímulo por meio do qual as sensações não acontecem somente com os órgãos dos sentidos correspondentes, mas também com outros sentidos. Por exemplo, algumas pessoas "veem" cores enquanto ouvem certos sons, sentem cheiros ou sabores ou, ainda, quando leem letras e caracteres numéricos, ou seja, sensações que criam uma experiência diferenciada de cor.

10.7 Associação com a nomenclatura

Outro modo de interação com a cor ocorre quando se utiliza uma terminologia para promover associações com a linguagem literária. Nesse caso, é comum que duas sensações diferentes sejam combinadas em uma estrutura, como em: cheiro doce, chá verde, maçã verde, amarelo-limão, azul-bebê, branco-gelo, lavanda, cor de pêssego, tom pálido, calor suave, e assim por diante.

10.8 O que deve ser evitado na hora de escolher as cores?

Quando o assunto é comunicação visual, erros são comuns no momento de escolher as cores, principalmente se o sujeito se guia pelo senso comum ou, até mesmo, por preferências pessoais. Para evitar erros e otimizar os resultados nesse campo, apresentamos a seguir algumas observações:

- Ao buscar as melhores cores para determinados públicos, procure obter referências científicas que levam em consideração uma boa parcela de seu público e que tenham como foco o contexto de seu país.
- Evite escolher as cores apenas com base em preferências pessoais ou de qualquer outro membro da empresa. Para ser eficiente, a escolha de cores deve ser fundamentada em uma análise minuciosa, considerando-se os valores que a organização pretende transmitir ao consumidor, o perfil dos clientes, a área de atuação e, logicamente, o significado das cores.

- De acordo com Patel (2022), "o ideal é usar no máximo três cores, para evitar uma comunicação confusa e poluída. [...] Um bom modelo para adotar para garantir uma distribuição equilibrada é o 60-30-10. Ou seja, 60% do design deve ser na cor dominante, 30% na cor secundária, e 10% na cor de destaque ou acabamento".
- Cuidado com a harmonização da composição, pois algumas cores não combinam entre si. Utilize o círculo cromático para escolher sua paleta. Há, também, inúmeras ferramentas *on-line* que podem ser de grande auxílio nessa escolha, desde seletores de cores até paletas pré-selecionadas.

10.9 Como criar comunicações visuais mais atraentes?

Tenha em mente que algumas regras gerais do *design* nunca devem ser esquecidas para criar comunicações visuais muito mais atraentes e harmoniosas:

- Para o plano de fundo, prefira uma cor neutra, que seja suave aos olhos. Essa dica é importante, principalmente, para *blogs*, lojas virtuais e outros tipos de *sites* nos quais o cliente passa muito tempo.
- Para as cores de destaque, opte por tons fortes, sólidos e contrastantes, especialmente quando usados em teclas, CTA (*call to action*) e *links*.

- Procure usar, no máximo, três cores, principalmente se forem cores vivas. O excesso na paleta deixa o visual do *site* confuso e cansa os olhos.
- Estude as tendências da *web* para adequar o *design* do *site*. As cores sólidas e neutras, acompanhadas de cores de destaque, também sólidas, estão em alta. Por sua vez, as gradações de cores estão em baixa.
- Use espaços em branco, especialmente próximo de elementos que precisam de destaque. Isso torna o *design* mais limpo e funcional.
- Sempre realize os testes A/B (por meio dos quais se comparam elementos aleatórios com duas variantes, A e B) para conferir se as cores aplicadas estão realmente trazendo resultados positivos.
- Lembre-se de que os *links* em azul costumam receber mais cliques e que os preços colocados em vermelho ou laranja denotam melhores oportunidades e são deduzidos como sinal de preços baixos.

10.10 A cor em *videogames*

Os *videogames* estão entre as plataformas mais visuais que existem e que exigem modelos 3D, texturas, *sprites* ou mesmo *pixel art* (arte trabalhada em *pixels*) para construir um mundo e comunicar a funcionalidade desse universo ao jogador. Dessa forma, *designers* de jogos, artistas e até programadores devem ter boa compreensão do uso de cores para desenvolver os jogos, de modo que possam comunicar com eficácia as informações importantes do mundo construído ao jogador.

Nos *games*, a cor é usada para além de apenas ilustrar o mundo. Ela é utilizada para construir harmonia visual (ou dissonância) em todo o ambiente. Sem ela, o jogador pode não perceber o que é interativo e o que faz parte do ambiente, bem como quem é seu inimigo. Sem sistemas de cores eficazes, os jogos não seriam capazes de guiar visualmente os jogadores para as ações sugeridas, e a jogabilidade seria inibida.

Uma das ferramentas mais poderosas ao se projetar um *game*, a cor é, também, um modo poderoso de evocar emoções. As cores podem ser envolventes, ajudando a direcionar os jogadores para o que se considera mais importante. Igualmente, pode ser usada para fornecer pistas sutis a respeito dos personagens e de seu mundo. Quando usada corretamente, a cor define o "tom" do jogo, informa onde você está e para onde precisa ir.

Segundo o Diretor de Arte do Boardcubator, Marek Loskot, a jogabilidade de um *game* não é tudo. Nesse sentido, o diretor coloca a qualidade do *design* artístico como um dos três pilares que sustentam a experiência fundamental de um *game* (Boardcubator, 2022).

Desde a introdução dos *games* em telas pretas com gráficos em branco e verde, a gama de cores exibida nos dispositivos aumentou substancialmente. Isso permitiu que os jogos parecessem cada vez mais realistas.

Quando vemos certas cores, instantaneamente temos pensamentos associados a elas. Quando você enxerga o vermelho, por exemplo, pode começar a pensar em fogo, sinal de parada ou, até mesmo, paixão. Já quando vê o azul, pode ter pensamentos associados a relaxamento ou tristeza. Assim, por meio da psicologia da cor, é possível "dar uma pista" aos jogadores sobre a facção de um objeto (bem *versus* mal).

Por exemplo, quando a maioria dos jogadores vê uma cruz vermelha em sua tela, instantaneamente pensa em atirar. Por outro lado, ao ver uma cruz verde, o jogador sabe que é um companheiro de equipe e que não deve atirar. Ainda, ao combinar a mira de uma arma com uma cor que significa perigo, o jogador age instintivamente e atira no alvo. Em contraposição, uma cor mais natural e suave sinaliza ao jogador uma relação amigável.

Os desenvolvedores de *games* também podem usar a psicologia da cor para comunicar aos jogadores qual é o propósito de um objeto. Isso pode variar do vermelho ao verde para objetos que lidam com saúde e, até, ao azul para objetos que sinalizam escudos ou manas.

Principalmente nos *games*, os sistemas de cores que se mostram eficazes geralmente se aproveitam dos conceitos prévios dos jogadores relacionados a certas cores, com a intenção de comunicar. Assim, quer você pretenda ou não, as cores que você escolhe têm significado, e este muda conforme o contexto. Como mencionado nos capítulos anteriores, muito da teoria moderna da cor se ancora no contexto histórico e em um profundo significado cultural. Estar ciente disso permite que você use as cores a seu favor ou subverta os conceitos prévios do jogador de maneiras novas e criativas. Dessa forma, criar uma paleta de cores pode ser difícil, mas é fundamental.

10.10.1 A cor na construção e travessia dos mundos

Nos *games*, a cor também é usada para construir o mundo real dentro do jogo. Um exemplo é o *game* Limbo (Figura 10.6), em que o fundo do jogo com o qual o jogador não pode interagir é branco, enquanto os objetos interativos são em tons escuros e pretos. Outro exemplo é o clássico Super Mario Bros, que apresenta um fundo azul e quase vazio, enquanto o primeiro plano e, até mesmo, o personagem do jogador têm um tom de pele alaranjado (cor complementar do azul) para mostrar que é imediatamente relevante para o jogador. Nessa compensação, as cores podem ajudar a construir um mundo perceptível para os jogadores desfrutarem (Reddit, 2021).

Figura 10.6 – **Limbo**

Fonte: Playdead, 2022.

10.10.2 A cor para provocar emoções

As cores que chegam aos nossos olhos afetam nossas emoções, alterando diretamente nosso humor. Você deve se lembrar, ao ter manipulado certos *games*, de determinados momentos em que se sentiu mais relaxado ao visualizar um pôr do sol ou, ainda, da expectativa de que algo aconteceria ou apareceria enquanto percorria corredores escuros ou pretos.

De fato, os *designers* de *games* usam as cores para criar emoção e envolver os jogadores em certo ambiente. Ao manipularem as cores nos *games*, os desenvolvedores podem fazer, por exemplo, com que um ambiente pareça mais misterioso, por meio do emprego da cor roxa (Figura 10.7), ou mais frio, com a utilização do branco ou do azul (Figura 10.8); já para ambientes radiantes, o efeito é criado mediante a aplicação de verde-escuro ou brilhante (Figura 10.9) (Reddit, 2022).

Figura 10.7 – **Skul: The Hero Slayer**

Fonte: Southpaw Games, 2022.

Figura 10.8 – **Hollow Knight**

Fonte: Hollow Knight, 2022.

Figura 10.9 – **Ori and the Blind Forest**

Fonte: ORI, 2022.

De todo modo, os significados e as simbologias de cores para os *games* seguem os mesmos conceitos apresentados nos capítulos anteriores:

- **Vermelho**: amor, raiva, perigo, sangue, guerra, luxúria, calor.
- **Laranja**: alegria, entusiasmo, sociabilidade, frustração, frescor.
- **Amarelo**: otimismo, recreação, inteligência, advertência, felicidade, covardia.
- **Verde**: esperança, fertilidade, natureza, refrescância, inveja, veneno, doença, negócio, ganância.
- **Azul**: paz, calmaria, frio, futuro, tristeza, melancolia, corporativismo, bondade, masculinidade.
- **Roxo**: nobreza, poder, magia, mistério, violência, qualidade e luxo.

- **Roxo**: nobreza, poder, magia, mistério, violência, qualidade e luxo.
- **Preto**: mistério, elegância, poder, mal, interioridade, dureza, pesado, dor.
- **Branco**: sinceridade, inocência, feminilidade, espíritos, bondade, limpeza, sagrado, pureza, luto.

10.10.3 Como escolher uma paleta para *games*

A escolha do esquema de cores de um *game* é, também, um bom recurso para definir o teor e o ambiente do mundo com o qual os jogadores vão interagir. O esquema de cores correto depende, principalmente, do tipo de experiência que se deseja propiciar e da história que se pretende contar.

Ao escolher sua paleta de cores, tenha em mente o propósito que você quer alcançar com elas e o papel que elas devem cumprir. Isso poderá ajudá-lo a decidir a altura do contraste que você deseja que suas cores tenham, o clima que você almeja evocar com elas e o conceito que você está tentando transmitir aos jogadores. Tudo isso faz parte do processo de tomada de decisão.

Veja algumas orientações quanto às cores em *games*:

- **Tons quentes**: nos *games*, tais tons remetem ao outono e ao pôr do sol. As paletas quentes podem ser associadas tanto ao calor e ao conforto quanto à agressão; portanto, a depender de como você as usa, elas podem sinalizar que determinado cenário é seguro ou que é hora de ir para a guerra.

- **Tons frios**: o azul remete ao futuro ou, pelo menos, a algo brilhante e frio. Paletas de cores azuis são, frequentemente, usadas em *games* de ficção científica para retratar um futuro geralmente indiferente e higienizado; dito de outro modo, nos filmes de ficção científica, o azul parece ser a cor dominante das interfaces que retratam a tecnologia ainda por vir em representações do futuro. E essa é uma das muitas lições de *design* que podemos aprender com a ficção científica. No entanto, quando combinada com toques de cores quentes, essa estética pode dar vida, sendo muito eficaz.
- **Tons neutros**: ao se representar o fim do mundo (tanto geográfico quanto metafórico), as tonalidades de marrons e cinzas (ou seja, cores sem vida) são habitualmente utilizadas. Contudo, com essa paleta de cores mais discreta, as cores brilhantes se destacam e podem ser uma ótima maneira de chamar a atenção dos jogadores para informações importantes. Por exemplo, na captura de tela do *game* Metro 2033 Redux, você notará que seus olhos são direcionados imediatamente para o pulso do personagem (Figura 10.10). A luz azul denota seu *status* disfarçado, e os números são sua contagem de munição. Trata-se de duas informações importantes e essenciais para a sua sobrevivência, as quais se destacam em forte contraste com o mundo mais monótono que as cerca.

Em outro exemplo, do jogo Far Cry: Blood Dragon, o mundo é composto, principalmente, de tons frios de azul e roxo em sombras profundas. Locais importantes e criaturas perigosas costumam ter iluminação neon brilhante, tanto para atrair o jogador quanto para avisá-lo da presença desses personagens.

Figura 10.10 – **Metro 2033 Redux**

Fonte: Metro Exodus, 2022.

- **Monocromático**: refere-se ao uso da cor minimalista, como nos *games* Dolly (Figura 10.11) e Inside. Ambos os estilos estéticos se concentram no uso muito restrito da cor para um efeito dramático. Quando combinada com outra paleta de cor, essa paleta pode ser ainda mais impressionante e envolvente.

Figura 10.11 – **Dolly**

Fonte: Blakemwood, 2022.

Entretanto, deve-se ter em mente que essas são apenas generalizações e que algumas das paletas de cores mais interessantes vêm da quebra de convenções. Assim, se seu *game* não obedecer a apenas um gênero, você deverá misturar e combinar paletas de cores para obter a sensação e a emoção almejadas.

Um dos objetivos mais comuns das cores em *videogames* é dar sentido de orientação. O uso de cores com alto contraste chama a atenção para determinadas direções ou objetos. No entanto, sempre é possível ir mais longe, como no *game* Superhot em que os objetos mais importantes têm uma cor de alto contraste, deixando todo o resto totalmente dessaturado (Figura 10.12). Isso coloca os objetos principais em foco nítido, atraindo a atenção do jogador com mais força do que se conseguiria com uma paleta de cores de baixo contraste.

Figura 10.12 – **Superhot**

Fonte: SuperHot Team, 2022.

Também é possível usar sinais de iluminação dramáticos de forma a criar uma atmosfera opressiva, a fim de atrair os jogadores para a luz, como no *game* BioShock (Figura 10.13), que induz as pessoas a se dirigirem, naturalmente, para a luz. Assim, se você misturar uma paleta escura e sinistra com uma cor brilhante e quente para indicar os principais objetos e direções, os jogadores, naturalmente, vão se mover em direção a eles.

Figura 10.13 – **BioShock**

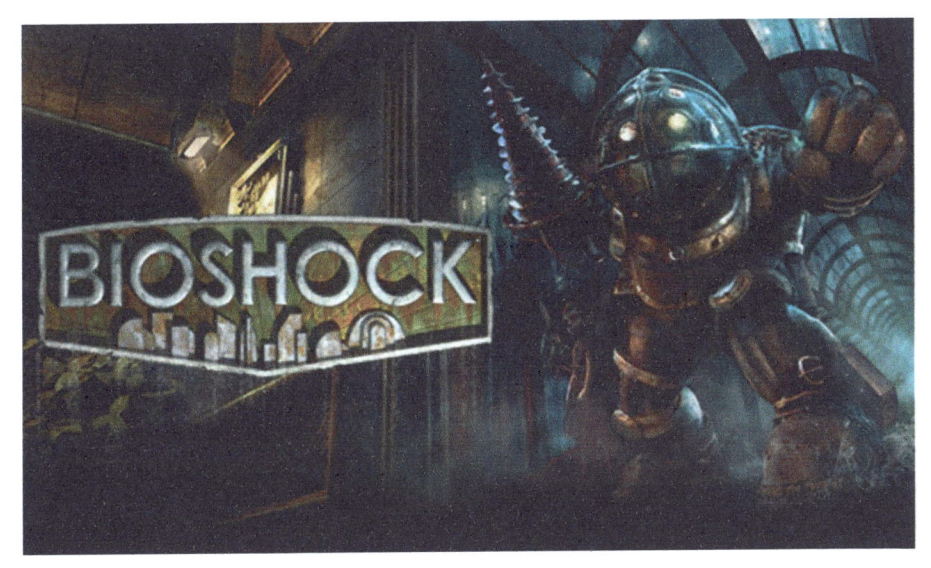

Fonte: 2K, 2022.

Por vezes, uma mudança de cor também pode ser útil para reduzir o impacto emocional. Por exemplo, para aparentarem menos violência passarem nos requisitos de certificação, como os alemães, alguns jogos colorem o sangue de verde.

Além de tornar os *games* reconhecíveis para os usuários, a cor também pode ajudar a conquistar o público-alvo. Por exemplo, cores mais brilhantes são mais usadas em *games* casuais, enquanto cores mais matizadas são usadas em jogos básicos.

Seja qual for a direção que você escolher, lembre-se de que a cor não precisa ser um simples destaque, pois ela pode informar a história e o mundo que você deseja criar para o jogador, sinalizando ao usuário quando há segurança e quando não há – é importante que os jogadores saibam quando estão seguros em um jogo e quando o perigo é iminente. Desse modo, como designer de *games*, você tem muitas ferramentas à sua disposição, e a cor pode, muitas vezes, constituir uma pista sutil (ou não) de que as circunstâncias de um jogador mudaram. Nessa ótica, a cor pode ajudar, igualmente, a transmitir ao jogador uma sensação de progressão, ou seja, de mudança de tempo ou de espaço.

Por exemplo, nos jogos de tiro, é comum que a tela fique vermelha ou preta e branca quando o jogador recebe muitos pontos de danos e corre o risco de morrer. Porém, na franquia Splinter Cell, esse paradigma foi modificado: a saturação da cor em torno do jogador é removida enquanto ele está seguro nas sombras. Apenas quando o personagem é descoberto é que as cores fortes voltam à tona.

Os elementos de uma cena de *game* acabam formando uma hierarquia natural de importância – o jogador perseguido por inimigos, seguido por objetos interativos ou, ainda, por elementos de fundo etc. Em obras visuais, como pinturas e filmes, esse princípio é usado para orientar o foco visual do espectador para o que é importante. Em trabalhos interativos, isso é ainda mais relevante, porque ajuda o jogador a descobrir o que fazer, para onde ir, quem atacar e o que pegar.

De todo modo, apesar de a cor não ser um elemento tão considerado em *videogames* como em outras mídias, é uma ótima ferramenta de desenvolvimento de histórias. Um *game* recente que joga com esse conceito é Nier: Automata. Nele, a cor e sua ausência são utilizadas para mostrar a dicotomia entre o que o personagem acredita ser verdade e o que ele vivencia; em sua casa, tudo parece mundano e sem vida, mas, quando está explorando a Terra, as cores são vibrantes e cheias de vida.

A variação de cor é, também, uma forma barata de aumentar o conteúdo dos *games*. Em jogos com arte abstrata, por exemplo, os níveis do jogo tendem a ser muito semelhantes e, como resultado, é fácil que a profundidade do *game* seja subestimada. A alteração da cor de fundo entre os níveis é usada como uma opção para torná-los mais distintos visualmente e fornecer ao jogador uma melhor noção de variedade e profundidade. O *game* Splice (Figura 10.14) é um exemplo de jogo que trabalha com as cores com esse intuito.

Figura 10.14 – **Splice**

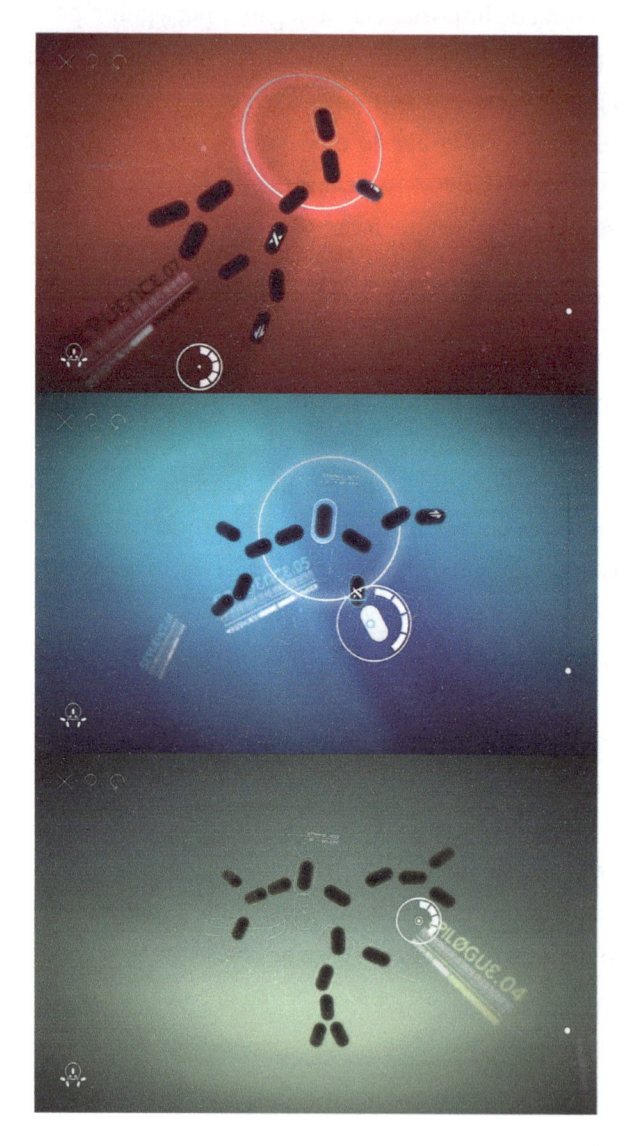

Fonte: CipherPrime, 2022.

10.10.4 Ferramentas para criar as próprias paletas

É possível ir direto ao Photoshop e começar a lançar cores em uma tela para ver o que agrada visualmente. Isso é perfeitamente adequado e pode resultar em uma paleta sólida e holística. Se isso funcionar para você, certifique-se de colocar as cores em camadas e percorrer os modos de mesclagem de camadas. Trata-se de uma ótima maneira para encontrar cores complementares com alto contraste, mas que não pareçam deslocadas.

Entretanto, se você preferir uma abordagem mais direcionada, considere algumas ferramentas úteis:

- **Adobe Color e Coolors**: são ferramentas que permitem formar as próprias paletas de cores, além de fornecerem uma biblioteca cheia de paletas criadas para o usuário se inspirar. Ambas também possibilitam gerar uma paleta de cores a partir de uma imagem. Uma forma de trabalhar é usar uma imagem da internet (geralmente, uma paisagem ou rua) e empregar uma dessas ferramentas para obter um ponto de partida. Depois, pode-se ajustar a paleta resultante para se adequar melhor ao tom procurado.
- **Paletton**: é uma ótima ferramenta para criar paletas de cores mais complexas.
- **Accessible Color Matrix**: com base na iniciativa WCAG 2.0, é uma boa maneira de garantir que as paletas de cores sejam totalmente acessíveis para pessoas com deficiência visual, sendo uma ferramenta eficiente na criação de *games*.

10.11 A cor em filmes

Existem muitas maneiras de usar cores em filmes, sendo esse elemento de extrema importância para o cinema. Dessa forma, todo cineasta precisa dominar a paleta de cores.

A cinematografia em preto e branco preponderou nas primeiras décadas do cinema. Empresas como a Technicolor começaram a experimentar processos de filmes coloridos nos anos 1920. Mas foi somente na década de 1950 que a cinematografia colorida substituiu o preto e branco como estilo predominante.

Com a explosão de cores nos filmes, uma nova abordagem para a paleta de cores teve de ser criada. Assim, os diretores de arte, que antes usavam luz e sombra para contar histórias, passaram a ter muito mais ferramentas à disposição.

O principal motivo para usar cores em filmes pode ser óbvio: tornar as imagens coloridas, dinâmicas e bonitas. Mas há uma razão secundária, que consiste em facilitar a narrativa visual. Nesse sentido, os melhores usos da cor nos filmes são, também, para contar uma história. Dessa forma, a cor no cinema é parte da *mise en scéne* (efeito geral de tudo o que vemos no quadro).

Cientes de que a cor pode nos afetar emocional, psicológica e até fisicamente, muitas vezes sem que percebamos, os diretores de arte aproveitam muito bem esse recurso, usando a cor para criar harmonia ou tensão em uma cena e chamar a atenção para um tema-chave.

Portanto, as cores são utilizadas no cinema com as seguintes intencionalidades:

- provocar reações psicológicas;
- concentrar o foco em detalhes importantes;
- definir o "tom" do filme;
- representar traços de caráter;
- mostrar mudanças ou arcos na história.

10.11.1 A psicologia das cores no cinema

Sabemos que a cor no cinema é empregada para contar histórias. No entanto, ela traz muito mais possibilidades, pois a combinação de cores comunica, informa, provoca reações e sentimentos no público.

Uma paleta de cores bem projetada evoca o clima desejado e dá o "tom" (ou teor) do filme. Dessa maneira, sempre que se utilizam cores, seus três componentes (matiz, saturação e brilho) devem ser levados em consideração, e assim acontece também na arte do cinema.

Os diretores de arte sabem que muitos espectadores terão reações previsivelmente semelhantes ao visualizarem certas cores. Por exemplo, um vermelho forte aumenta a pressão arterial, enquanto a cor azul provoca um efeito calmante. Um bom exemplo está nas obras do cineasta Stanley Kubrick, cujo estilo de direção depende muito da cor para criar imagens e cenas altamente impressionáveis. Com a cor em cena, Kubrick gera um impacto direto e poderoso no espectador.

No filme *O sexto sentido* (Figura 10.15), de M. Night Shyamalan, a cor vermelha é usada para representar medo, pavor e premonição; já em *Pleasantville: a vida em preto e branco* (Figura 10.16), Gary Ross usa o vermelho para representar esperança, amor e sensualidade. Ou seja, nesses exemplos, a cor vermelha cria uma experiência para o espectador. Portanto, deve-se sempre direcionar a paleta de cores com muita atenção e cuidado.

Figura 10.15 – *O sexto sentido*

O SEXTO sentido. Direção: M. Night Shyamalan. EUA: Walt Disney Pictures, 1999. 107 min.

Figura 10.16 – *Pleasantville*

PLEASANTVILLE: a vida em preto e branco. Direção: Gary Ross. EUA: Warner Bros., 1998. 124 min.

Escolher e aplicar as cores certas para os locais exatos pode propiciar emoções das quais o público sequer estará ciente. Nessa perspectiva, uma dica para trabalhar com a cor em seus projetos é criar um quadro de humor. Há aplicativos desenvolvidos que possibilitam trabalhar com essa estratégia.

A criação de um quadro de humor é apenas uma das muitas etapas iniciais de ideação no processo de pré-produção. Se você já trabalhou com painéis de humor, a próxima etapa será dar vida às suas ideias para a paleta de cores do filme com um *software* de *storyboard*.

Acima de tudo, é importante estar ciente de que as regras da teoria da cor devem ser bem entendidas pelos cineastas, mas nunca vistas como uma limitação. Portanto, escolha suas paletas de cores com sabedoria. Em todas as etapas do cinema, você deve considerar o uso de cores desde o início. Ao fazer isso, lembre-se de manter em mente a paleta de cores escolhida para o filme.

10.11.2 Esquemas de cores em filmes

Existem algumas maneiras de obter uma paleta de cores equilibrada para um filme. Pode-se fazer uso de esquemas de cores complementares, monocromáticas, análogas ou triádicas, embora o uso de cores únicas e recorrentes possa ter um significado mais profundo. Ou seja, uma paleta de cores bem trabalhada pode ser muito eficaz na comunicação do contexto temático. Nessa direção, uma escolha equilibrada se refere às relações harmoniosas que se consegue estabelecer por meio de um círculo cromático.

No entanto, criar um esquema cromático equilibrado pode ser mais complicado do que se pensa quando se trata de cinema. Assim, apresentamos, a seguir, algumas orientações:

- **Esquemas de cores monocromáticas**: podem ser vistos quando um único matiz é utilizado como base, sendo estendido por meio do uso de sombras e diferenças tonais. As tonalidades são obtidas com a adição de branco ou de preto. No filme *O Grande Hotel Budapeste*, a equipe do diretor Wes Anderson utilizou um esquema de cores monocromáticas (Figura 10.17). O rosa-claro dá lugar a roxos mais profundos; embora o tom de cor escolhido se mantenha intacto, permite que seja criado um contraste dentro dele. Assim, os esquemas de cores monocromáticas aparecem em tons de uma única cor, como vermelho, vermelho-escuro e rosa. Eles criam uma sensação profundamente harmoniosa que é suave, embaladora e calmante.

Figura 10.17 – *O Grande Hotel Budapeste*

O GRANDE Hotel Budapeste. Direção: Wes Anderson. EUA/Alemanha: Fox Film, 2014. 99 min.

Outro bom exemplo é o filme *Matrix*, que também recorre ao esquema de cores monocromáticas. Quase todas as cenas definidas no filme utilizam uma paleta de cores verdes. Tons de verde permeiam tudo no quadro, a fim de criar um efeito antinatural e doentio.

Assim, os esquemas de cores monocromáticas não exigem que o filme seja homogêneo em sua aparência. Eles apenas fornecem um matiz de cor para criar contraste.

- **Esquemas de cores complementares**: o objetivo das paletas de cores complementares é conferir "vida" visual ao quadro, como no filme *O fabuloso destino de Amélie Poulain*, em que as cores complementares vermelha e verde são usadas para gerar o destaque da presença da personagem. Portanto, as cores complementares são utilizadas para dar dramaticidade por meio do contraste (isto é, cores quentes *versus* cores frias) (Figura 10.18). O duelo de cores, geralmente, está associado a conflitos internos ou externos. Independentemente da seleção de cores, as complementares combinam as quentes e as frias para produzir uma tensão vibrante de alto contraste em filmes. Por exemplo, o laranja e o azul são cores complementares comumente usadas nas paletas de muitos filmes de sucesso.

Figura 10.18 – *O fabuloso destino de Amélie Poulain*

O FABULOSO destino de Amélie Poulain. Direção: Jean-Pierre Jeunet. França/Alemanha: Imagem Filmes, 2001. 122 min.

- **Esquemas de cores análogas**: são cores que tendem a ocorrer na natureza e criam uma sensação harmoniosa, agradável aos olhos. Combinações de cores como vermelho e violeta ou amarelo e verde-limão são bons exemplos de cores vizinhas que podem criar esquemas de cores análogas. Como não têm o contraste e a tensão das complementares, tais cores criam uma espécie de unidade visual. Em geral, ao criar um esquema de cores análogas, uma cor é escolhida para dominar, uma segunda para apoiar e uma terceira (junto com tons de preto, branco e cinza) para acentuar a cor dominante. No filme *Filhos da esperança* (Figura 10.19), o esquema de cores análogas parece corresponder ao estado perigoso de um mundo em que as crianças não nascem mais. Ao se concentrar em cores análogas (e, assim, eliminar o resto), a terrível situação é combinada com um esquema de cores sombrio.

Figura 10.19 – *Filhos da esperança*

FILHOS da esperança. Direção: Alfonso Cuarón. EUA/Reino Unido: Universal Pictures, 2006. 109 min.

Para citar outro exemplo, no filme *Traffic: ninguém sai limpo*, o esquema de cores é aplicado de forma a estabelecer cada história paralelamente, fazendo a ligação entre uma e outra. Assim, o esquema de cores análogas acaba criando um tipo diferente de esquema complementar para contar a história.

- **Esquemas de cores triádicas**: nesse tipo de esquema, uma cor é escolhida para ser a dominante, e outras duas são usadas para complementar. Os esquemas de cores triádicas são menos comuns porque podem se parecer com desenhos animados, especialmente quando o matiz, a saturação e o brilho são elevados, como no filme *Superman* (Figura 10.20).

Figura 10.20 – **Cores triádicas no filme *Superman***

SUPERMAN: o filme. Direção: Richard Donner. EUA/Reino Unido: Warner Home Vídeo, 1978. 143 min.

10.11.3 Simbolismo das paletas de cores em filmes

Há muitas formas de criar simbolismo em um filme, e uma delas consiste em recorrer a diferentes tipos de esquemas de cores, o que pode ser bastante eficaz. Mesmo que as pessoas não estejam totalmente conscientes do simbolismo proveniente da paleta de cores, elas serão afetadas. Nessa perspectiva, a paleta de cores constitui uma excelente ferramenta para criar conexões poderosas entre os personagens e seus significados, de forma que nenhum cineasta pode ignorá-la.

Algumas vezes, uma paleta ou cor recorrente representa um personagem ou o tema principal do filme. Por exemplo, em *Vertigo: um corpo que cai*, obra clássica de Alfred Hitchcock, o verde brilhante é usado como um retorno do momento em que o personagem principal (Figura 10.21), Scotty, ficou paralisado pela mulher que ele deveria estar investigando. Muito mais tarde, após a morte da mulher, ele avista uma sósia e implora que ela tente se parecer mais com a mulher pela qual ele se apaixonou.

Figura 10.21 – *Vertigo: um corpo que cai*

UM CORPO que cai. Direção: Alfred Hitchcock. EUA: Universal Pictures, 1958. 128 min.

Portanto, a paleta de cores é um forte elemento de que o diretor de arte dispõe para criar o clima almejado: romance, bem-estar, conflito ou drama. Basta aplicar as cores ideais nos lugares certos.

Dessa forma, no uso da cor, há muitos mais aspectos importantes a serem considerados, como explicaremos a seguir:

- **Cores discordantes**: trabalhar com cores discordantes pode ajudar a evidenciar um personagem, um detalhe ou um momento, destacando-o do restante. Assim, a discordância diz respeito a uma escolha deliberada do diretor de se desviar dos tipos equilibrados de paletas de cores aplicados para redirecionar a atenção do público. Ao criar discordância, pode-se gerar um símbolo bastante óbvio. Desse modo, a paleta de cores de um filme pode ser unilateral, seguindo em uma direção, mas, de repente, surge um elemento que se destaca. Por exemplo, no filme *A lista de Schindler*, a jaqueta vermelha de uma pequena menina se destaca do preto e branco (Figura 10.22), perfazendo claramente uma menção simbólica.

Figura 10.22 – *A lista de Schindler*

A LISTA de Schindler. Direção: Steven Spielberg. EUA: Universal Pictures, 1993. 195 min.

- **Cores associativas**: nesse caso, uma cor é recorrente e representa um tema ou um personagem em um filme, conectando, assim, o espetáculo visual à narrativa emocional. No filme *Batman: o Cavaleiro das Trevas*, de Christopher Nolan, os dois personagens principais do drama têm as próprias paletas de cores associativas. Contrastam com os pretos e os cinzas-escuros do Batman as cores roxo e verde do palhaço Coringa, ligeiramente suaves. O confronto entre eles passou a representar um embate entre a ordem simples dos tons escuros e o terrível caos das cores incompatíveis do Coringa.

Outro exemplo do uso das cores associativas no cinema é a utilização da cor laranja no clássico filme *O Poderoso Chefão*, de Francis Ford Coppola, em que tal cor é associada à morte, muitas vezes como um alerta e uma antecipação de violência repentina e confusa. Ao contrário dos filmes de gângster anteriores, a narrativa de Coppola abordou a violência de forma mais brutal e feia. Logo, fazia sentido que, em um mundo de pretos esmagados e tons dessaturados, um tom laranja brilhante incongruente indicasse a violência que se aproximava.

Em *Kill Bill* (Figura 10.23), Quentin Tarantino brincou com diferentes tipos de esquemas de cores, dando à sua personagem central uma cor própria: amarelo brilhante, embora, muitas vezes, o vermelho sangue também lhe tenha sido atribuído. Nesse contexto, em virtude de sua sede insaciável por vingança, encharcá-la de amarelo brilhante ajudou a fazer uma conexão entre a cor e o caráter.

Figura 10.23 – *Kill Bill*

KILL BILL: volume 1. Direção: Quentin Tarantino. EUA: Imagem Filmes, 2003. 111 min.

No filme *Guerra nas estrelas: o Império contra-ataca*, as cores associativas são usadas tanto nos personagens quanto em suas posições no conflito. Darth Vader surge todo em preto, com uma espada de luz vermelha brilhante, contrastando com os tons de terra e brancos e a espada de luz azul-clara de Luke. Essas cores foram combinadas para transmitir o estado emocional do personagem. O preto e o vermelho são violentos e ameaçadores, enquanto o azul e o branco são frios e reconfortantes.

- **Cores de transição**: são observadas quando uma alteração na paleta de cores indica alguma modificação no filme. Pode ser uma mudança de humor ou de rumo como um todo ou em algum personagem. Na série *Breaking Bad* (Figura 10.24), o anti-herói Walter White vive uma vida dupla como um professor de ciências e o vicioso Heisenberg, chefe do tráfico de anfetamina. A paleta de cores primárias, claras e suaves de Walter White contrasta com a de cores muito escuras de Heisenberg (Fandom, 2022; Risk, 2020).

Figura 10.24 – **Série *Breaking Bad***

BREAKING bad. Direção: Adam Bernstein, Bryan Cranston, Colin Bucksey, George Mastras, Michael Slovis, Michelle MacLaren, Rian Johnson e Thomas Schnauz. EUA, 2008.

De maneira mais sutil, esse fato também acontece com o personagem icônico Luke Skywalker, refletido na mudança em sua paleta de cores. Originalmente, ele surgia em tons de terra mais claros, denotando sua educação recatada; depois que Luke passou por seu treinamento *jedi* e descobriu sua verdadeira identidade como filho de Darth Vader, começou a aparecer todo de preto, não apenas indicando uma qualidade de seriedade, mas também apresentando um lado sombrio e uma conexão potencialmente perigosa com o mal que ele carrega.

Em outros casos, a mudança na paleta de cores representa uma alteração no teor da história, o que é muito comum nas narrativas da Pixar, como em *Up: altas aventuras*, em que um momento feliz e alegre dá lugar a uma realidade escura e deprimente. A realidade mais escura é apresentada na sombra com uma paleta de cores desolada e monótona. Podemos considerar que a mudança na paleta de cores do filme não seria necessária, pois o público sabe o que aconteceu com Carl e sua esposa. Entretanto, a mudança de cor na tela amplia as emoções, dando origem a um elemento intangível para a narrativa visual e trazendo um sentimento mais forte do que o que estamos vendo (Risk, 2020).

10.12 Aplicação da cor no *design* de ambientes

Para quem trabalha com *design* de interiores, é fundamental ter conhecimento de como as cores podem afetar o humor, o comportamento e o desempenho do usuário. Por exemplo, se você esteve em um restaurante *fast food*, você deve ter notado que há uma boa quantidade do matiz vermelho pelo ambiente. Mas quando foi a última vez que você comeu em um restaurante predominantemente azul? Há uma razão para isso: o vermelho estimula o apetite; o azul, por outro lado, revela-se um inibidor do apetite.

A escolha da cor para compor um ambiente (residencial, de trabalho ou de estudo) é de grande relevância, pois pode ser responsável por afetar o desempenho do indivíduo, assim como o humor e, a depender da complexidade da tarefa, a atenção em sua realização. Por isso, "determinar o impacto que ocorre devido às cores variadas de um ambiente no humor, na satisfação, na motivação e no desempenho é de suma importância para projetar um ambiente de trabalho ou estudo" (Marchi; Okimoto, 2004, p. 29).

O olho humano interfere na visão da luz e das cores. A adaptação da vista à cor não é apenas um controle da entrada da luz pela íris.

Os cones e os bastonetes obedecem a uma adaptação enquanto se ocupam com determinada cor e, também, quando transitam para outra (Schiffman, 1982). Um retraimento ocorre na substância colorativa dos cones enquanto atendem a uma cor. Se observarmos por 20 ou mais segundos uma área vermelha (Figura 10.25), os cones se retraem, adaptando-se. Como o mesmo não ocorre com os demais cones (azul e verde), estes ficam em uma outra situação e em disponibilidade. Se não mudarmos a vista para outro campo – por exemplo, o branco ou o preto –, somente esses dois operarão no primeiro instante.

Na Figura 10.25 a seguir, a título de exemplo, fixe o olhar por 20 ou mais segundos no centro do círculo vermelho; depois, olhe para uma área branca e perceba o que acontece.

Figura 10.25 – **Círculo vermelho**

Por sua vez, na incidência combinada de azul e verde, forma-se a impressão verde. Tão logo os demais cones retornem à espontaneidade natural, o fenômeno desaparecerá. A cor verde é complementar à vermelha, e a adaptação se faz, portanto, com uma relação para a cor complementar (Pedrosa, 1982).

Assim, observa-se uma situação que admite dois tratamentos: influenciar o maior ou o menor trabalho das células dos cones. Se o movimento do olho se faz para uma cor complementar do campo originário, retém-se algo da situação originária, ou seja, não se obriga o olho a uma atividade inteiramente nova e cansativa.

Na hipótese de não se fazer a movimentação do olho para o campo de cor complementar, exige-se um esforço maior das células dos cones do órgão (Schiffman, 1982). Dessa forma, é recomendável a utilização das harmonias das cores complementares.

As melhores harmonias são as complementares porque elas não cansam, isto é, permitem o descanso dos cones. Enquanto uma das cores ocupa um dos cones, a outra (a complementar) ocupa os outros cones, ou seja, ora trabalham uns, ora outros (Pedrosa, 1982). Esse efeito deve ser considerado na pintura das paredes de interiores, de modo que a vista não apresente cansaço ante a cor complementar (que lhe é oposta no círculo cromático). Por exemplo, o vermelho tem como cor complementar o verde (Figura 10.26); já a cor complementar do azul é a cor laranja, e a do amarelo é a cor lilás (Figura 10.27).

Figura 10.26 – **Ambiente com cores complementares: vermelho e verde**

Figura 10.27 – **Ambiente com cores complementares: amarelo e lilás**

Nas indústrias, a harmonia complementar é estabelecida ao se aplicar nas paredes a cor complementar das cores dos equipamentos industriais (Figura 10.28). Se os equipamentos forem predominantemente vermelhos, as paredes poderão ser verdes (preferencialmente, tons de verde-claro); se os objetos forem alaranjados, as paredes assumirão o azul.

Figura 10.28 – **Cores complementares no interior de ambiente industrial**

industryviews/Shutterstock

Para o dentista, ocupado com o tom vermelho rosado da boca, a cor complementar conveniente é o verde-claro (Figura 10.29). Isso valerá na composição das cores de escritórios, das salas de estar etc., desde que se queira diretamente estimular o descanso (Marchi; Okimoto, 2004).

Figura 10.29 – **Composição de ambiente em consultório odontológico**

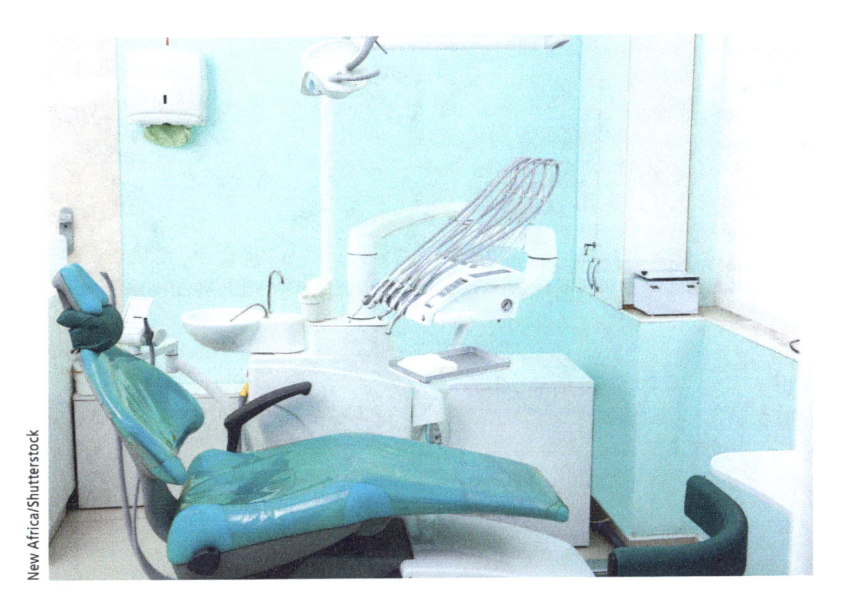

Há também a distinção entre as cores entrantes (amarelo, vermelho, laranja), que parecem sair de seu plano e ir ao encontro do observador, e cores profundas (azul, verde, violeta), que parecem se afastar e ir para trás de seu plano. As cores que vão ao encontro são agressivas e diminuem a impressão de distância; sugerem, igualmente, a ampliação da largura do ambiente. Assim, ao considerar esse efeito visual, consegue-se trabalhar a impressão espacial, diminuindo-se ou ampliando-se o ambiente (Figura 10.30).

Figura 10.30 – **Ambientes em cores entrantes e profundas**

Foto Helin/Shutterstock

Esse fenômeno está baseado na maneira como tais cores são recebidas na retina. O foco das cores quentes se projeta atrás da retina, e o da outras, à frente. Ainda, a lente ocular se apresenta mais convexa. Isso também explica o alargamento da área das cores quentes. Para as cores frias, a lente ocular assume uma posição menos convexa, o que justifica a aparente diminuição de área proporcionada por essa cor (Goldstein, 1989). Tal fato esclarece por que a cor no ambiente de trabalho pode afetar o desempenho nas atividades em geral (Kwallek; Lewis; Robbins, 1988; Kwallek; Lewis, 1990).

O humor, a satisfação, o desempenho e a motivação também são influenciados pela informação visual. Por isso, é fundamental ter conhecimento das cores para criar um ambiente mais funcional e satisfatório (Kwallek; Lewis; Robbins, 1988; Kwallek; Lewis, 1990). O ambiente pode auxiliar estimulando o indivíduo no desempenho de uma atividade simples ou monótona, bem como em atividades complexas ou que requerem alta atenção, suavizando a monotonia (Collins, 1975; Crouch; Nimran, 1989) ou, ainda, reduzindo a distração e a fadiga (Block; Stokes, 1989).

Ademais, Crouch e Nimran (1989) sugerem que o estímulo ambiental pode interferir em atividades muito cansativas. Suas pesquisas indicam que os indivíduos que desempenham atividades que demandam alta atenção precisam de estímulos visuais no ambiente, com propósitos restaurativos ou reparadores. Ambientes restaurativos devem permitir descansar e evitar distrações. Caracterizam-se pela capacidade de conferir amparo e dar oportunidades para reflexão ou concentração, fazendo o indivíduo voltar-se para dentro de si mesmo, além de sugerirem um comportamento adequado ao trabalhador (Kaplan, 1983; Rothman, 1987).

Muitos pesquisadores têm defendido a noção de que há uma correlação positiva entre ondas de diferentes níveis. Ondas longas (vermelho, laranja, amarelo) são excitantes, e ondas curtas (azul, índigo, violeta) são relaxantes (Plack; Shick, 1974; Wineman, 1979; Walters; Apter; Svebak, 1982; Whitfield; Wiltshire, 1990). Por exemplo, o vermelho tem sido associado ao vigor, à irritação e à tensão (Levy, 1984), bem como à excitação, à estimulação e à felicidade (Plack; Shick, 1974). Já o azul e o verde-azulado têm sido relacionados ao relaxamento (Levy, 1984), ao conforto, assim como à segurança, à paz e à calma (Plack; Shick, 1974). Os tons de azul em tonalidades mais claras são vinculados a menos aflição e angústia, além de serem mais agradáveis do que o vermelho.

Levy (1984) concluiu, em suas pesquisas, que a cor está sistematicamente relacionada à emoção. Na mesma direção, Stone (2001) fez um experimento com estudantes deixando-os expostos a ambientes com paredes pintadas em diversas cores. Assim, eles puderam experienciar diferentes sentimentos e mudanças de humor ao entrarem em contato com tais variedades de cores durante determinado tempo. Especialmente as cores quentes promoveram sensações de vigor e agilidade, enquanto, com as cores frias, eles tenderam a ficar calmos.

Hamid e Newport (1989) colocaram um grupo de crianças fazendo atividades em salas de cores diferentes e observaram que a força empregada nas mãos pelas crianças aumentava em uma sala rosa e diminuía em uma sala azul. Quando as crianças foram acomodadas em uma sala cinza (neutra), tal força (representada em seus desenhos) diminuiu ainda mais do que depois de trabalharem, por certo período, em uma sala azul. Isso sugere que a cor rosa age como um estimulante energético, e a cor azul, como um sedativo, acalmando as pessoas.

Outro fato importante revelado nas pesquisas diz respeito à temática desenvolvida pelas crianças da pré-escola, que fizeram pinturas mais leves e com conteúdos positivos quando estavam em uma sala rosa, e pinturas com conteúdos negativos e depressivos quando estavam em salas pintadas de azul (Hamid; Newport, 1989).

Por seu turno, Kwallek, Lewis e Robbins (1988) reportaram uma alta média de ansiedade e de estresse em indivíduos que foram colocados em quartos vermelhos. Similarmente, o estado de ansiedade foi significativamente maior para sujeitos em uma sala vermelha, em comparação com indivíduos dentro de uma sala rosa (Profusek; Rainey, 1987). Rosenstein (1985) relatou que indivíduos em salas vermelhas normalmente apresentam bom humor quando comparados a pessoas presentes em salas de cores neutras. Já as pessoas que trabalhavam em uma sala azul geralmente se sentiam calmas ou com bom humor, ou seja, a cor azul age como um sedativo.

As pesquisas de Greene, Bell e Boyer (1983) revelaram que o nível de excitação provocado em estudantes foi maior quando eles estavam em uma sala amarela, depois de induzi-los a desempenhar uma atividade entediante. Além disso, após certo tempo de trabalho, a pressão sanguínea dos estudantes se elevou.

Assim, pode-se concluir que o nível de fadiga também se altera pela cor. As pesquisas indicam que, depois de completar as atividades de digitação, os níveis de estresse e ansiedade foram altos para as pessoas que estavam trabalhando em um escritório vermelho, aumentando consideravelmente a fadiga. Por sua vez, um maior nível de prostração foi observado nos indivíduos que trabalharam em um escritório azul (Kwallek; Lewis; Robbins, 1988).

Além disso, Kwallek e Lewis (1990) concluíram que indivíduos que trabalharam em um ambiente vermelho – tendo, como oposto, uma parede branca ou verde – demonstraram maior atenção no trabalho. Nesse sentido, Wineman (1979) sugeriu que as cores quentes tendem a melhorar o estado de atenção do indivíduo, aumentando sua percepção do que acontece ao redor. Por sua vez, as cores frias diminuem a percepção da pessoa quanto ao ambiente à sua volta, provocando a introspecção.

Por outro lado, ainda conforme os estudos de Kwallek e Lewis (1990), observou-se uma elevação no nível de fadiga, porque a cor vermelha é estimulante, distraindo as pessoas das atividades monótonas e desagradáveis. Já em uma sala azul, verde ou branca, embora o indivíduo possa ter mais foco na atividade, o nível de cansaço pode aumentar, principalmente se a atividade realizada é monótona.

Os estudos citados apontam para o fato de que o efeito das cores interage com o tipo de atividade exercida no ambiente. Por exemplo, se a cor vermelha é estimulante, mas a tarefa é chata e monótona, a estimulação pode compensar a fadiga causada pela tarefa, e o indivíduo fica menos fatigado (Kwallek; Lewis; Robbins, 1988).

Plack e Shick (1974) sugeriram o uso de vermelhos ou amarelos (Figura 10.31) se for preciso motivar as pessoas, pois estas são cores estimulantes. Em suas pesquisas, os autores descobriram que os indivíduos que trabalhavam em uma sala vermelha ou amarela normalmente apresentavam altos níveis de bom humor, satisfação e desempenho nas atividades, embora o nível de fadiga aumentasse.

Figura 10.31 – **Ambiente em amarelo: estimulante**

ImageFlow/Shutterstock

Assim, ao usar cores em um ambiente, você contribuirá para diferentes níveis de estimulação. Por isso, considere trabalhar com cautela, mas com uma variedade de cores. Algumas pesquisas foram feitas com a utilização de cores diferentes nas paredes de um ambiente. Por exemplo, em um experimento, as paredes da frente e da lateral onde estavam sentados os estudantes foram pintadas de amarelo, e a parede do fundo foi pintada de azul. Como resultado, o comportamento destrutivo de agressividade diminuiu (Wohlfarth, 1994).

Por seu turno, o resultado da pesquisa de Kwallek e Lewis (1990) indicou que as atividades que demandam alto nível de concentração deveriam ser realizadas em um ambiente de cor fria. Entretanto, para os indivíduos que desempenharam atividades rotineiras, os testes mostraram que eles cometeram mais erros em escritórios pintados de branco do que em escritórios pintados de vermelho ou de verde.

Segundo Kwallek e Lewis (1990), os escritórios brancos são menos dispersivos do que os pintados em vermelho ou verde, porém ocorreram menos erros nas atividades de rotina executadas nos escritórios vermelhos. Isso se deve, possivelmente, ao fato de a cor vermelha ser mais estimulante, e as cores azul e branca serem mais depressivas ou calmantes. Em resumo, se a tarefa é chata ou monótona, o ambiente vermelho pode contribuir com o aumento do estímulo, assim como do desempenho.

Um dos exemplos mais interessantes do efeito das cores foi observado no experimento de Schauss (1985), ao estudar as respostas psicológicas e fisiológicas da exposição de indivíduos à cor rosa. O pesquisador leu os estudos do psiquiatra suíço Max Lüscher, para quem as preferências de cores forneciam pistas sobre a personalidade de seus pacientes, sendo que tais gostos mudavam de acordo com as flutuações psicológicas e fisiológicas das pessoas. Lüscher afirmou que a escolha da cor reflete os estados emocionais e teorizou que as escolhas de cores representam mudanças correspondentes no sistema endócrino, que produz hormônios.

Schauss (1985) postulou, então, que o inverso também poderia ser verdadeiro: a cor poderia causar mudanças emocionais e hormonais, e os vários comprimentos de onda de luz poderiam desencadear respostas profundas e mensuráveis no sistema endócrino.

Nos primeiros testes, em 1978, Schauss observou que a cor afetava a força muscular, tanto revigorando quanto enervando o sujeito, bem como influenciava o sistema cardiovascular. Assim, o cientista começou a fazer experiências em si mesmo, com a ajuda de John Ott, seu assistente de pesquisa. Nesse contexto, descobriu que um tom particular de rosa tinha um efeito mais profundo e rotulou essa tonalidade de P-618. Schauss (1985) observou que apenas olhar para um cartão de 18 x 24 polegadas impresso com essa cor resultaria em um efeito marcante na redução da frequência cardíaca, do pulso e da respiração em comparação com outras cores.

Em 1979, Schauss conseguiu convencer os diretores de um instituto correcional naval em Seattle, Washington, a pintar de rosa algumas celas de confinamento para determinar os efeitos que isso poderia ter sobre os prisioneiros. Nessa unidade correcional, as taxas de agressão antes e depois de o interior ter sido pintado de rosa foram monitoradas. De acordo com o relatório da Marinha, "desde o início desse procedimento em 1º de março de 1979, não houve incidentes de comportamento errático ou hostil durante a fase inicial de confinamento" (Schauss, 1985, p. 57, tradução nossa). Apenas

15 minutos de exposição foram suficientes para garantir que o potencial para o comportamento violento ou agressivo dos prisioneiros fosse reduzido, além de a cor ter surtido um efeito tranquilizante. Schauss batizou a cor em homenagem a Baker e Miller, diretores do instituto: Baker-Miller *pink* é, agora, o nome oficial da cor – é importante ressaltar que se trata de um tom de rosa mais quente e vibrante (Gilliam; Unruh, 1988).

Em 2011, a psicóloga suíça Daniela Späth (2022) decidiu fazer testes com um tom de rosa mais pálido e suave, que batizou de *cool down pink*, e o aplicou nas paredes das celas de dez prisões da Suíça. Ao longo de quatro anos, os funcionários relataram menos agressividade e melhora significativa de comportamento nos prisioneiros colocados nas celas em rosa. Späth também descobriu que os presos pareciam conseguir relaxar mais rapidamente em tais celas. Nessa perspectiva, a psicóloga sugeriu que o *cool down pink* devesse ser aplicado, além das prisões, em áreas de segurança de aeroportos, escolas e unidades psiquiátricas (Späth, 2022).

Na literatura disponível, já era esperado que o efeito da cor do ambiente no humor, na satisfação, na motivação e no desempenho variasse conforme a atividade, isto é, em relação à dificuldade da tarefa. Especificamente, nas pesquisas mencionadas aqui, as atividades desenvolvidas individualmente que não exigem muita atenção resultaram em bom humor, satisfação, alta motivação e bom desempenho quando executadas em um ambiente pintado de vermelho. Já o oposto foi observado para a mesma atividade feita em um ambiente pintado de azul. Por fim, moderados níveis dessas qualidades resultaram do ambiente branco (neutro).

Concluímos do exposto que a cor exerce grande influência sobre todos nós. Embora pareça fácil utilizá-las, há muitos fatores que interferem na receptividade e na interpretação da cor, mesmo que não tenhamos consciência disso. De fato, não interagimos com as cores conscientemente, mas promovemos essa interação todo o tempo, muitas vezes sem perceber. Nessa perspectiva, recomendamos que você procure conhecer mais sobre as cores e busque pesquisá-las a fundo, a fim de ter domínio sobre esse elemento crucial em nossa vida e tirar o melhor proveito possível dessa excelente ferramenta.

SÍNTESE

Neste capítulo, abordamos o significado associativo das cores, assim como a dualidade no uso delas. Ainda, versamos sobre os ambientes visuais e as qualidades dos materiais utilizados. Tratamos dos aspectos sinestésicos da cor e dos cuidados que precisamos ter ao lidar com elas. Indo além, apresentamos o mundo dos *videogames*, em que a cor tem uma participação importantíssima, principalmente no que diz respeito às sensações e às emoções. Também discorremos sobre a necessidade de escolher sempre uma paleta de cores apropriada ao que desejamos transmitir. Analisamos o uso das cores nos filmes, sua psicologia e os esquemas utilizados, bem como a aplicação da cor no *design* de ambientes.

QUESTÕES PARA REVISÃO

1. Como se define tecnicamente o uso de uma cor recorrente que representa o tema de um filme?

2. Qual ferramental de cores o cinema usa para conseguir conexões poderosas entre personagens e seus significados?

3. Considerando-se o uso das cores no cinema, qual das alternativas a seguir não se refere a uma intencionalidade das cores?
    a. Causar dores de cabeça.
    b. Levar o espectador a se concentrar nos detalhes.
    c. Definir o tom do filme.
    d. Representar traços de caráter.
    e. Provocar reações psicológicas.

4. De acordo com o conteúdo deste capítulo, qual foi a cor utilizada para acalmar detentos violentos nos Estados Unidos e na Suíça?
    a. Vermelho.
    b. Azul.
    c. Amarelo.
    d. Rosa.
    e. Verde.

5. Em filmes, são utilizadas algumas formas de se conseguir uma paleta de cores equilibrada. Qual das maneiras apresentadas a seguir está **incorreta**?
    a. Cores complementares.
    b. Cores esporádicas.

c. Cores triádicas.
d. Cores monocromáticas.
e. Cores análogas.

QUESTÃO PARA REFLEXÃO

1. Estudando as indústrias cinematográficas e a de *videogames*, podemos entender o valor de um trabalho como os descritos neste livro e aqui propomos uma reflexão: O que seria desses universos sem as cores?

ESTUDO DE CASO
UM OLHAR DIFERENTE

A cor está presente em tudo: nas estradas, na moda, na arte, nos *sites*, nos ambientes e na natureza. Independentemente do local onde estejamos, sempre estamos interagindo com cores diversas, ou seja, é inimaginável a vida sem cor. No entanto, milhares de pessoas no planeta não têm acesso a elas. Atualmente, mais de 2,2 bilhões de pessoas são cegas ou apresentam alguma deficiência visual (WHO, 2019).

O daltonismo, por exemplo, atinge 350 milhões de pessoas no mundo, sendo 8 milhões no Brasil (Lopes; Tercic, 2020). Ainda, aproximadamente 8% da população mundial masculina e 0,5% da população feminina (1 em 12 homens e 1 em 200 mulheres, respectivamente) não diferenciam as cores. Essas pessoas são caracterizadas como daltônicas. Nesse contexto, se queremos ser bem-sucedidos em projetos de *design* ou nos negócios, temos de conhecer nosso público-alvo.

Para entender melhor o que é o daltonismo, acompanhe a história de Marina.

Quando Marina era pequena, odiava quando as crianças rasgavam as embalagens do giz de cera, porque não conseguia dizer de que cor eles eram sem ler a informação que constava ali. Em uma caixa normal de oito cores, Marina conseguia distinguir qual era o amarelo, o azul ou o vermelho. Portanto, ao colocar lápis de duas cores lado a lado, sem a caixa, ela não sabia a diferença entre as cores – se seria um lápis vermelho, marrom ou verde.

Além da embalagem do giz de cera, o daltonismo só passou a impactar sua vida diária no ensino médio. Foi quando Marina começou a fazer compras com os amigos. Quando a maquiagem se tornou importante para sua faixa etária, naturalmente Marina não estava mais aos cuidados de sua mãe, a responsável por ajudá-la na escolha de roupas e em tudo o que envolvesse ter de fazer opções de cores. Nesse momento, Marina começou a cometer erros e perceber que isso poderia ser um grande problema para muitas pessoas.

Quando passou para o terceiro ano do ensino médio, em uma nova escola, ela desejava o que todos os outros jovens de 16 anos desejam: encaixar-se em algum grupo. Certo dia, em um final de manhã, ao sair da escola, um garoto veio até Marina e disse: "Eu acho que seus olhos estão sangrando". Ela imaginou que se tratava de uma brincadeira ou de uma piada estranha, riu e deu de ombros. Quando chegou em casa, mais tarde, a maquiagem que havia colocado naquela manhã ainda estava na cômoda. Seu delineador de lábios vermelho e seu delineador para olhos marrom eram da mesma marca, e Marina acabou misturando os dois no momento de usar. O estranhamento do garoto, quando falou que seus olhos estavam sangrando, era porque Marina estava usando delineador de lábios vermelho brilhante nos olhos. Ela ficou mortificada e passou a cuidar para nunca mais cometer esse erro novamente. Após esse episódio, Marina começou a se certificar de que seus delineadores de lábios e de olhos fossem sempre de marcas diferentes. Vale ressaltar que este foi apenas um pequeno ajuste – Marina teve de fazer, habitualmente, muitos outros.

Com relação a roupas, Marina se lembra de seus amigos misturando e combinando cores e padrões de uma forma que ela não poderia. Até hoje seu *look* é bem monocromático, o que as pessoas chamam de *estilo formal* ou *clássico*, porque deixa pouco espaço para erro e elimina o máximo de chance de passar vergonha novamente.

Para pessoas com daltonismo, como Marina, fazer compras é sempre uma experiência embaraçosa. Sendo a cor um elemento tão necessário e relevante, a acessibilidade dessa informação deveria ser uma exigência para toda mercadoria. Isso ilustra a importância da pesquisa em fontes seguras ao se projetar produtos para pessoas daltônicas. Ademais, uma vez que uma empresa começa a se tornar mais acessível a um grupo, certamente descobrirá que outros grupos também se beneficiam disso.

Portanto, a solução para melhorar a qualidade de vida de Marina, e de todas as pessoas daltônicas, seria que todas as coisas que têm cor contassem com uma etiqueta que trouxesse essa informação, além da criação de um método que fornecesse a possibilidade de todas as pessoas com deficiência visual fazerem escolhas de cores. Se tais informações estiverem em relevo para a leitura tátil, certamente contribuirão para atenuar o problema de pessoas cegas e com baixa visão.

CONSIDERAÇÕES FINAIS

Nesta obra, procuramos sintetizar alguns conteúdos sobre o tema das cores, o qual já foi largamente analisado por grandes estudiosos da teoria da cor. Detivemo-nos um pouco mais em assuntos que julgamos mais relevantes no âmbito dessa abordagem, considerando que, apesar de as cores fazerem parte de nossa vida, falta muito para as compreendermos verdadeiramente e tirarmos o máximo proveito delas. Com conhecimento, conseguimos utilizá-las como ferramentas eficientes e eficazes que vão muito além da beleza e da alegria vivenciada, visto que também proporcionam saúde, bem-estar, aconchego, motivação, energia...

Acreditamos que a cor tem uma importância ainda não reconhecida por boa parte da população. Isso se deve ao fato de que, além de a cor ser um fenômeno visual e, por isso mesmo, dependente de interpretações pessoais, também carece de um aprofundamento pelas ciências, a fim de se dirimirem dúvidas ainda não solucionadas. Aliás, esse foi o mote deste livro, que sabemos não ser capaz de contemplar a totalidade do assunto.

Assim, sabemos que aqui abordamos somente uma pequena parcela da dimensão que a cor assume em nosso planeta. A proposição de novas pesquisas na área da cor favorecerá, certamente, toda uma gama de novos trabalhos e projetos.

Esperamos, sinceramente, que você possa aproveitar da melhor maneira possível este material e que ele sirva de incentivo à busca pelo prazer que é estudar o mundo das cores.

LISTA DE SIGLAS

AIC – Association Internationale de la Couleur
CMY – *Cian, Magenta, Yellow*
CMYK – *Cian, Magenta, Yellow, Black*
CTP – *Computer to Plate*
GIF – *Graphics Interchange Format*
HKS – Hostmann-Steinberg Druckfarben, Kast + Ehinger Druckfarben e H. Schmincke & Co.
HSB – *Hue, Saturation, Brightness*
HTML – *Hypertext Markup Language*
JPG – *Joint Photographic Group*
Lab – Comissão Internacional de Iluminação
PDO – Percepção dermo-óptica
PNG – *Portable Network Graphics*
RGB – *Red, Green, Blue*
RYB – *Red, Yellow, Blue*
SGCE – Study Group on Colour Education
sRGB – *Standard* RGB
UV – Ultravioleta

REFERÊNCIAS

2K. **Bioshock**. Disponível em: <https://2k.com/en-US/game/bioshock/>. Acesso em: 10 ago. 2022.

ADOBE. **Modo de cores ou modo de imagem**. Disponível em: <https://helpx.adobe.com/br/photoshop/key-concepts/color-mode-image-mode.html>. Acesso em: 26 abr. 2022a.

ADOBE. **Sobre cores**: compreensão das cores. Disponível em: <https://helpx.adobe.com/br/photoshop/using/color.html>. Acesso em: 26 abr. 2022b.

ADOBE. **Sobre cores**: sobre cores em gráficos digitais. Disponível em: <https://helpx.adobe.com/br/illustrator/user-guide.html/br/illustrator/using/color.ug.html>. Acesso em: 26 abr. 2022c.

AIC – Association Internationale de la Couleur. Disponível em: <https://www.aic-color.org/>. Acesso em: 26 abr. 2022.

AIDAR, L. **Características da cor**. Disponível em: <https://www.todamateria.com.br/caracteristicas-das-cores/>. Acesso em: 26 abr. 2022a.

AIDAR, L. **Cores análogas**. Disponível em: <https://www.todamateria.com.br/cores-analogas/>. Acesso em: 26 abr. 2022b.

AIDAR, L. **Cores frias**. Disponível em: <https://www.todamateria.com.br/cores-frias/>. Acesso em: 26 abr. 2022c.

AIDAR, L. **Cores primárias**. Disponível em: <https://www.todamateria.com.br/cores-primarias/>. Acesso em: 26 abr. 2022d.

AKCAY, O.; DALGIN, M. H.; BHATNAGAR, S. Perception of Color in Product Choice among College Students: a Cross-National Analysis of USA, India, China and Turkey. **International Journal of Business and Social Science**, v. 2, n. 21, p. 42-48, 2011.

AKCAY, O.; SUN, Q. Cross-Cultural Analysis of Gender Difference in Product Color Choice in Global Markets. **Journal of International Business and Cultural Studies**, v. 7, n. 1, p. 1-12, 2013. Disponível em: <https://www.aabri.com/manuscripts/121266.pdf>. Acesso em: 26 abr. 2022.

ANDRADE, M. **Como combinar cores 100% de sucesso para os seus layouts**. Disponível em: <https://miltondesign.com.br/como-combinar-cores-100-de-sucesso-para-os-seus-layouts/>. Acesso em: 26 abr. 2022.

ANDRADE NETO, M. L. et al. Cor como informação em embalagens: aspectos da senescência. In: CONGRESSO INTERNACIONAL DE PESQUISA EM DESIGN, 6., 2011, Lisboa.

ANDREWS, T. **Medicinas alternativas**: a cura pela cor. Lisboa: Estampa, 1993.

ARTY, D. **Teoria das cores**: guia sobre teoria e harmonia das cores no design. Disponível em: <https://www.chiefofdesign.com.br/teoria-das-cores>. Acesso em: 26 abr. 2022.

ATKINSON, R. C.; HILGARD, E. **Pszichológia**. Osiris Kiadó: Budapest, 2005.

BABIN, B. J.; HARDESTY, D. M.; SUTER, T. A. Color and Shopping Intentions: the Intervening Effect of Price Fairness and Perceived Affect. **Journal of Business Research**, v. 56, n. 7, p. 541-551, 2003.

BASTOS, D.; FARINA, M.; PEREZ, C. **Psicodinâmica das cores em comunicação**. São Paulo: E. Blücher, 2006.

BAXTER, M. **Projeto de produto**: guia prático para o design de novos produtos. Tradução de Itiro Iida. 3. ed. São Paulo: Blucher, 2011.

BERGSTRÖM, B. **Essentials of Visual Communication**. [S. l.]: Scolar K., 2009.

BLAKEMWOOD. **Dolly**. Disponível em: <https://blakemwood.itch.io/dolly>. Acesso em: 26 abr. 2022.

BLOCK, L. K.; STOKES, G. S. Performance and Satisfaction in Private Versus Nonprivate Work Settings. **Environment and Behavior**, n. 21, p. 277-297, 1989.

BOARDCUBATOR. **Art Direction**: There's More to Games than Meets the Rules. Disponível em: <https://www.boardcubator.com/about/>. Acesso em: 26 abr. 2022.

BORTOLI, M. de; MAROTO, J. **Colors across Culture**: Translating Colors in Interactive Marketing Communications. 2001. Disponível em: <http://www.globalpropaganda.com/articles/TranslatingColours.pdf>. Acesso em: 26 abr. 2022.

BOTELHO, I. **Cor de rosa**. 22 jun. 2013. Disponível em: <https://belitabotelho.blogs.sapo.pt/23782.html>. Acesso em: 26 abr. 2022.

BRITO, N. B. de; REIS, J. C. de O. A teoria das cores de Goethe e sua crítica a Newton. **Revista Brasileira de História da Ciência**, Rio de Janeiro, v. 9, n. 2, p. 288-298, 2016. Disponível em: <https://www.sbhc.org.br/arquivo/download?ID_ARQUIVO=2799>. Acesso em: 26 abr. 2022.

CAMPOS, L. **Nier**: Automata Game of the YoRHa Edition – Review. 4 abr. 2019. Disponível em: <https://www.portaldonerd.com.br/nier-automata-game-of-the-yorha-edition-review/>. Acesso em: 26 abr. 2022.

CARRARO, L. **Home office**: como escolher uma mesa para trabalhar em casa. 11 nov. 2020. Disponível em: <https://marquesconstrutora.com.br/blog/home-office-como-escolher-uma-mesa-para-trabalhar-em-casa/>. Acesso em: 26 abr. 2022.

CASSIRER, E. **Linguagem e mito**: uma contribuição ao problema dos nomes dos deuses. São Paulo: Perspectiva, 1972.

CHAN, M.; ZOELLICK, R. B. **World Report on Disability**. Geneva: Who Press, 2011.

CIPHERPRIME. **Splice**. Disponível em: <https://cipherprime.com/games/splice/>. Acesso em: 10 ago. 2022.

COLLINS, B. L. **Windows and People**: a Literature Survey – Psychological Reaction to Environment with and without Windows. Washington: National Bureau of Standards, 1975.

CONDUTA LITERÁRIA. **12 meses, 12 cores**. 15 mar. 2018. Disponível em: <https://www.condutaliteraria.com/2018/03/12-meses-12-cores-marco-roxo.html>. Acesso em: 26 abr. 2022.

CREATIVE BLOG. **Aprenda como funcionam os sistemas de cores**. 25 maio 2016. Disponível em: <https://blog.creativecopias.com.br/como-funcionam-sistemas-de-cores/>. Acesso em: 26 abr. 2022.

CRIARWEB. **Teoria da cor**: modelos de cor. Disponível em: <http://www.criarweb.com/artigos/teoria-da-cor-modelos-de-cor.html>. Acesso em: 16 abr. 2018.

CROUCH, A.; NIMRAN, U. Perceived Facilitators and Inhibitions of Work Performance in an Office Environment. **Environment and Behavior**, v. 21, n. 2, p. 206-226, 1989.

DEPARTAMENTO DE PESQUISAS DA UNIVERSIDADE ROSE-CROIX. **O homem**: alfa e ômega da criação. 4. ed. San Jose, Califórnia, 1990. v. 1.

DOCZI, G. **O poder dos limites**: harmonias e proporções na natureza, arte e arquitetura. São Paulo: Mercuryo, 1990.

DUMITRESCU, A. Study on Relationship between Elementary Geometric Figures and Basic Colour. **Politehnica Univesity Scientific Bulletin**, v. 65, n. 1, p. 77-90, 2003.

EBERT, R. **Up.** 27 May 2009. Disponível em: <https://www.rogerebert.com/reviews/up-2009>. Acesso em: 26 abr. 2022.

ECKERMANN, J. P. **Gespräche mit Goethe in den letzten Jahren seines Lebens.** München: DTV, 1999.

ENCICLOPÉDIA SIMPOZIO. **Teoria e estética das cores**. Santa Catarina: Universidade Federal de Santa Catarina, 2004.

FANDOM. **Breaking Bad**: Colors. Disponível em: <https://breakingbad.fandom.com/wiki/Colors>. Acesso em: 26 abr. 2022.

FERNANDES, P. M. N. R. **Luz e cor**. Disponível em: <https://sites.unisanta.br/teiadosaber/apostila/fisica/Luz_e_Cor-Fisica2808.pdf>. Acesso em: 26 abr. 2022.

FIGUEIREDO, A. B. de; CARVALHO, S. de. As três dimensões da cor na reintegração cromática diferenciada: a importância da luminosidade. **Ge-conservación**, n. 9, p. 21-30, 2016. Disponível em: <https://dialnet.unirioja.es/descarga/articulo/5590159.pdf>. Acesso em: 26 abr. 2022.

FRACHETTA, A. **A importância da cor azul no branding**. Disponível em: <https://www.estudioroxo.com.br/

blogpulsar/a-importancia-da-cor-azul-no-branding/>. Acesso em: 26 abr. 2022.

GAGE, J. **Colour and Culture**. London: Thames and Hudson, 1995.

GERSTNER, K. **The Forms of Color**. Cambridge: MITPress, 1986.

GILLIAM, J. E.; UNRUH, D. The Effects of Baker-Miller Pink on Biological, Physical and Cognitive Behaviour. **Journal of Orthomolecular Medicine**, v. 3, n. 4, p. 202-206, 1988.

GOETHE, J. W. **Doutrina das cores**. São Paulo: Nova Alexandria, 1993.

GOFMAN, A.; MOSKOWITZ, H. R.; METS, T. Accelerating Structured Consumer-Driven Package Design. **Journal of Consumer Marketing**, v. 27, n. 2, p. 157-168, 2010.

GOLSDTEIN, E. B. **Sensation and Perception**. California: Brooks/Cole Publishing Company, 1989.

GREENE, T. C.; BELL, P. A.; BOYER, W. N. Coloring the Environment: Hue, Arousal, and Boredon. **Bulletin of the Psyconomic Society**, n. 21, p. 253-254, 1983.

GREGORY, R. **O olho e o cérebro**: a psicologia da visão. Porto: Inova, 1966.

GUGELMIN, F. **New Super Mario Bros**. 30 set. 2010. Disponível em: <https://gamehall.com.br/new-super-mario-bros>. Acesso em: 26 abr. 2022.

GUIMARÃES, L. **As cores na mídia**: a organização da cor-informação no jornalismo. São Paulo: Annablume, 2003.

HALL, A. R. **Isaac Newton**: Adventurer in Thought. Oxford: Blackwell, 1992.

HALL, M. B. **Cor e significado**: prática e teoria na pintura renascentista. Cambridge: Cambridge University Press, 1992.

HALL, R. H.; HANNA, P. The Impact of Web Page Text-Background Colour Combinations on Readability, Retention, Aesthetics and Behavioural Intention. **Behavior and Information Technology**, v. 23, n. 3, p. 183-195, 2004.

HALL, R.; HANNA, P. The Effect of Web Page Text-Background Color Combinations on Retention and Perceived Readability, Aesthetics and Behavioral Intention. In: AMERICAS CONFERECE ON INFORMATION SYSTEMS, 2003. **Proceedings**… 2003. p. 2148-2156. Disponível em: <https://aisel.aisnet.org/cgi/viewcontent.cgi?article=1743&context=amcis2003>. Acesso em: 26 abr. 2022.

HAMID, P. N.; NEWPORT, A. G. Effect of Colour on Physical Strengh and Mood in Children. **Perceptual an Motor Skills**, v. 69, n. 1, p. 179-185, 1989.

HASSANI, F. H.; SADEGHPOUR, A. A.; ALAVI, S. M. Investigating the Effect of Apparel Color Dimensions on Customer Purchase Intention: An Analysis on Customer Gender Differences. **Journal of Business Management**, v. 10, n. 3, p. 659-672, Sept. 2018.

HELERBROCH, R. **Espectro eletromagnético**. Disponível em: <https://brasilescola.uol.com.br/fisica/espectro-eletromagnetico.htm>. Acesso em: 26 abr. 2022.

HENDRICKSON, M. **O que as cores que você escolhe dizem sobre sua marca?** 20 jan. 2017. Disponível em: <https://www.ecommercebrasil.com.br/artigos/cores-escolhe-dizem-sobre-marca/>. Acesso em: 26 abr. 2022.

HOLLOW KNIGHT. Disponível em: <https://www.hollowknight.com/>. Acesso em: 10 ago. 2022.

HUFF, E. B. Two Paradigms of Modern Color Theory. **Hungarian Philosophical Review**, v. 16, n. 2, p. 455-480, 1995.

IAPB – THE INTERNATIONAL AGENCY FOR THE PREVENTION OF BLINDNESS. **Vision 2020**. Disponível em: <https://www.iapb.org/vision-2020/>. Acesso em: 26 abr. 2022.

ITTEN, J. **The Art of Color**. New York: Van Nostrand Reinhold, 1992.

JORGE, M. A. **O redesenho de sistemas de identidade visual brasileiros da escola racionalista de design dos anos 1960**. 231 f. Dissertação (Mestrado em Arquitetura e Urbanismo) – Universidade de São Paulo, São Paulo, 2009. Disponível em: <https://www.teses.usp.br/teses/disponiveis/16/16134/tde-17032010-143619/publico/redesenho_de_sistemas.pdf>. Acesso em: 26 abr. 2022.

KAMINSKA, P. **The Impact of Color in Advertising, Marketing and Design**. 2014. Disponível em: <https://www.blurgroup.com/blogs/group/the-impact-of-colour-in-advertising-marketing-and-design/>. Acesso em: 12 out. 2021.

KANDINSKY, W. **Do espiritual na arte**. Lisboa: Publicações Dom Quixote, 1991.

KAPLAN, S. A Model of Person-Environment Compatibility. **Environment and Behavior**, v. 15, n. 3, p. 311-332, 1983. Disponível em: <https://deepblue.lib.umich.edu/bitstream/handle/2027.42/66976/10.1177_0013916583153003.pdf?sequence=2&isAllowed=y>. Acesso em: 26 abr. 2022.

KAREKLAS, I.; BRUNEL, F. F.; COULTER, R. Judgment Is Not Color Blind: the Impact of Automatic Color Preference on Product and Advertising Preferences. **Journal of Consumer Psychology**, n. 24, p. 87-95, 2012.

KAUPPINEN-RÄISÄNEN, H.; LUOMALA, H. T. Exploring Consumers' Product-Specific Colour Meanings. **Qualitative Market Research: An International Journal**, v. 13, n. 3, p. 287-308, 2010.

KEMP, M. **Leonardo da Vinci**: as obras maravilhosas da natureza e do homem. Oxford: Oxford University Press, 2007.

KESTLER, I. M. F. Johann Wolfgang von Goethe: arte e natureza, poesia e ciência. **História, Ciências, Saúde-Manguinhos**, Rio de Janeiro, v. 13, p. 39-54, out. 2006. Disponível em: <https://www.scielo.br/j/hcsm/a/XdB7YFXHpTHYRXpmTLFNzFp/?format=pdf&lang=pt>. Acesso em: 26 abr. 2022.

KUMAR, J. S. The Psychology of Colour Influences Consumers' Buying Behaviour: A Diagnostic Study. **Ushus – Journal of Business Management**, v. 16, n. 4, p. 1-13, 2017.

KWALLEK, N.; LEWIS, C. M. Effects of Environmental Colour on Males and Females: a Red or White or Green Office. **Applied Ergonomics**, v. 21, n. 4, p. 275-278, 1990.

KWALLEK, N.; LEWIS, C. M.; ROBBINS, A. S. Effects of Office Interior Color on Workers' Mood and Productivity. **Perceptual and Motor Skills**, v. 66, n. 1, p. 123-128, 1988.

LEVY, B. I. Research into the Psychological Meaning of Color. **American Jornal of Art Therapy**, v. 23, n. 2, p. 58-62, 1984.

LOBUE, V.; DELOACHE, J. S. Pretty in Pink: the Early Development of Gender-Stereotyped Colour Preferences. **British Journal of Developmental Psychology**, v. 29, n. 3, p. 656-667, 2011.

LOPES, M. B.; TERCIC, L. S. Dificuldades e avanços nos recursos de inclusão para daltônicos. **ComCiência**, Dossiê 215, 9 mar. 2020. Disponível em: <https://www.comciencia.br/dificuldades-e-avancos-nos-recursos-de-inclusao-para-daltonicos>. Acesso em: 26 abr. 2022.

LOPES, R. G. da C. **O processo de luto em "Up! Altas Aventuras"**. 21 set. 2016. Disponível em: <https://www.portaldoenvelhecimento.com.br/o-processo-de-luto-em-up-altas-aventuras/>. Acesso em: 26 abr. 2022.

LUPTON, E.; PHILLIPS, J. C. **Novos fundamentos do design**. São Paulo: Cosac Naify, 2015.

LYRA, K. T. et al. **Infographics or Graphics+Text**: which Material Is Best for Robust Learning? 30 May 2016. Disponível em: <http://arxiv.org/abs/1605.09170>. Acesso em: 26 abr. 2022.

MARCHI, S. R. **Análise da influência da cor no potencial de aproveitamento da luz natural no ambiente construído**. 127 f. Dissertação (Mestrado em Engenharia Mecânica) – Universidade Federal do Paraná. Curitiba, 2007. Disponível em: <https://acervodigital.ufpr.br/bitstream/handle/1884/11330/dissertacao_079_sandra_regina_marchi.pdf?sequence=1&isAllowed=y>. Acesso em: 26 abr. 2022.

MARCHI, S. R. **Design universal de código de cores tátil**: contribuição de acessibilidade para pessoas com deficiência visual. 252 f. Tese (Doutorado em Engenharia

Mecânica) – Universidade Federal do Paraná, Curitiba, 2019. Disponível em: <https://acervodigital.ufpr.br/bitstream/handle/1884/62132/R%20-%20T%20-%20SANDRA%20REGINA%20MARCHI.pdf?sequence=1&isAllowed=y>. Acesso em: 26 abr. 2022.

MARCHI, S. R.; OKIMOTO, M. L. L. R. Estudo da cor e seus efeitos no ambiente de trabalho ou estudo: uma revisão teórica. **Estudos em Design**, Rio de Janeiro, v. 11, n. 1, p. 29-41, 2004.

MARMO, M. H. M. **Aspectos técnicos da cor**. 17 mar. 2014. Disponível em: <https://www.oswaldocruz.br/conteudo_ler.asp?id_conteudo=4506>. Acesso em: 26 abr. 2022.

MATTOS, A. S. de. **Análise**: Sam Fisher está de volta para acabar com terroristas em Splinter Cell: Blacklist (Wii U). 12 set. 2013. Disponível em: <https://www.nintendoblast.com.br/2013/09/analise-sam-fisher-esta-de-volta-para.html>. Acesso em: 26 abr. 2022.

MAYER, L.; BHIKHA, R. **The Physiology and Psychology of Colour**. 2014. Disponível em: <https://www.tibb.co.za/articles/Part-3-The-Physiology-and-Psychology-of-colour.pdf>. Acesso em: 15 dez. 2021.

MENEZES, H. F.; PEREIRA, C. P. de A. O uso da cor como informação: um estudo de caso dos infográficos da Revista Galileu. **Blucher Design Proceedings**, v. 9, n. 2, p. 4686-4697, 2016. Disponível em: <http://pdf.blucher.com.br.s3-sa-east-1.amazonaws.com/designproceedings/ped2016/0403.pdf>. Acesso em: 26 abr. 2022.

METRO EXODUS. Disponível em: <https://www.metrothegame.com/>. Acesso em: 10 ago. 2022.

MILLER, E. G.; KAHN, B. E. Shades of Meaning: the Effect of Color and Flavor Names on Consumer Choice. **Journal of Consumer Research**, n. 32, p. 86-92, 2005.

MILLER, E. G.; KAHN, B. E. Strange Color Descriptors in Marketing. **Yale Economic Review**, 2006.

MISTERS, T. **7 Simple Ways to Make Your Website More Accesssible**. Disponível em: <https://www.lcn.com/blog/7-simple-ways-to-make-your-website-more-accessible/>. Acesso em: 26 abr. 2022.

MOREIRA, E. A. **Leibniz versus Newton**: sobre qualidades, milagres e leis da natureza. 149 f. Tese (Doutorado em Filosofia) – Universidade Estadual de Campinas, Campinas, 2014.

MORTON, J. L. **Colour & Branding**: Mobile Colour Matters. [S. l.]: NWI Designs, 2012.

NASCIMENTO, N. B. do. **La utilización óptica del color para un mejor rendimiento en el ambiente hospitalar**. Tese (Doutorado em Expressão Gráfica Arquitetônica) – Universidad Politécnica de Valencia, Valencia, 2014.

NAZ, K. A. Y. A.; EPPS, H. Relationship between Colour and Emotion: a Study of College Students. **College Students Journal**, v. 38, n. 3, p. 396-405, 2004.

NEMCSICS, A. **Color Dynamics**: Designing a Colorful Environment. Budapeste: Akadémiai Kiadó, 2004.

NEMCSICS, A. **Colour Dynamics**. New York: E. Horword, 1993.

NIELSEN, J. **Designing Web Usability**: the Practice of Simplicity. Indianapolis: New Riders Publishing, 2000.

OKIMOTO, M. L. L. R.; MARCHI, S. R. Influência da cor no potencial de aproveitamento da luz natural no ambiente. In: CONGRESSO BRASILEIRO DE PESQUISA E DESENVOLVIMENTO EM DESIGN, 7., 2006, Curitiba.

OKIMOTO, M. L. L. R.; MARCHI, S. R.; KRÜGER, E. L. Influência da cor das paredes e do layout das aberturas no aproveitamento da luz natural do ambiente. **Estudos em Design**, v. 16, n. 1, p. 1-26, 2008. Disponível em: <https://estudosemdesign.emnuvens.com.br/design/article/view/22/19>. Acesso em: 26 abr. 2022.

OLIVEIRA, C. A. **Descobrindo o poder das cores**. Curitiba: Comunicare, 2012.

ORI. Disponível em: <https://www.orithegame.com/>. Acesso em: 10 ago. 2022.

O'SKEA, S. **Painting for Performance**: a Beginners Guide to Great Painted Scenery. Routledge: Taylor & Francis Group, 2017.

PADILHA, A. **Sínteses cromáticas**. 2009. Disponível em: <https://arianepadilha.wordpress.com/2009/12/04/sinteses-cromaticas/>. Acesso em: 26 abr. 2022.

PALMA, V. Saiba como enxergam os répteis. **Olho clínico**, 26 set. 2019. Disponível em: <https://www.olhoclinico.com.br/saiba-como-enxergam-os-repteis>. Acesso em: 26 abr. 2022.

PATEL, N. **Significado das cores no marketing**: benefício da psicologia das cores. Disponível em: <https://neilpatel.com/br/blog/significado-das-cores/>. Acesso em: 26 abr. 2022.

PEDROSA, I. **Da cor à cor inexistente**. 3. ed. Rio de Janeiro: Leo Christiano, 1982.

PEDROSA, I. **Da cor à cor inexistente**. 6. ed. Rio de Janeiro: Leo Christiano, 1995.

PEDROSA, I. **O universo da cor**. Rio de Janeiro: Senac, 2004.

PERGE, E. The Experience of Applying a Method to Develop the Use of Color Theory. **Annales Mathematicae et Informaticae**, n. 45, p. 135-149, 2015. Disponível em: <http://publikacio.uni-eszterhazy.hu/3280/1/AMI_45_from135to149.pdf>. Acesso em: 26 abr. 2022.

PLACK, J. J.; SHICK, J. The Effects of Color on Human Behavior. **Journal of the Association for the Study of Perception**, v. 9, n. 1, p. 4-16, 1974.

PLAYDEAD. Disponível em: <https://playdead.com/>. Acesso em: 10 ago. 2022.

PRADO-LEÓN, L. R.; ROSALES-CINCO, R. A. Effects of Lightness and Saturation on Colour Associations in the Mexican Population. In: BIGGAM, C. P. et al. (Ed.). **New Directions in Colour Studies**. Amsterdam: John Benjamins Publishing Company, 2011. p. 389-394.

PRO VISU. **Processo de visão das cores**. Disponível em: <https://www.provisu.ch/pt/assuntos/visao-das-cores.html#daltonismo>. Acesso em: 26 abr. 2022.

PROFUSEK, P. J.; RAINEY, D. W. Effects of Baker-Miller Pink and Red on State Anxiety, Grip Strength, and Motor Precision. **Perceptual and Motor Skill**, v. 65, n. 3, p. 941-942, 1987.

RAMOS, O. **Tratado de ontologia das cores**. Curitiba: Jomar, 2003.

RANDALL, J. H. O lugar de Leonardo Da Vinci no surgimento da ciência moderna. **Journal of the History of Ideas**, 1953.

REDDIT. **Color Theory in Games (An Overview)**. Disponível em: <https://www.reddit.com/r/gamedev/comments/8oh09v/color_theory_in_games_an_overview/>. Acesso em: 26 abr. 2022.

RISK, M. **How to Use Color in Film**: 50+ Examples of Movie Color Palettes. 27 July 2020. Disponível em: <https://www.studiobinder.com/blog/how-to-use-color-in-film-50-examples-of-movie-color-palettes/>. Acesso em: 26 abr. 2022.

ROSENSTEIN, L. D. Effect of Color on the Environment on Task Performance and Mood of Males and Females with High or Low Scores on the Scholastic Aptitude Test. **Perceptual and Motor Skills**, v. 60, n. 2, p. 550, 1985.

ROTHMAN, M. Designing Work Environment to Influence Productivity. **Journal of Busines and Psychology**, n. 1, p. 390-395, 1987.

ROUSSEAU, R. L. **Le language des couleurs**. São Paulo: Pensamento, 1980.

SABOU, F. The Marketing Mix Optimization. **Analele Universităţii "Constantin Brâncuşi" din Târgu Jiu**, Seria Economie, v. 1, n. 1, p. 253-57, 2014.

SANTOS, J. M. F. N. **Sistema de identificação da cor para indivíduos daltônicos**: aplicação aos produtos de vestuário. Dissertação (Mestrado em Design e Marketing) – Escola de Engenharia, Universidade do Minho, Braga, 2008.

SATYENDRA, S. Impact of Color on Marketing. **Management Decision**, v. 44, n. 6, p. 783-789, 2006.

SCHAUSS, A. G. The Physiological Effect of Color on the Suppression of Human Aggression: Research on Baker-Miller Pink. **International Journal of Biosocial Research**, v. 7, n. 2, p. 55-64, 1985.

SCHIFFMAN, H. R. **Sensation and Perception**. New York: John Wiley & Sons, 1982.

SEKULER, R.; WATAMANIUK, R.; BLAKE, S. Perception of Visual Motion. In: PASHLER, H.; YANTIS, S. (Ed.). **Steven's Handbook of Experimental Psychology**: Sensation and Perception. Nova York: John Willey & Sons, 2002. p. 121-176.

SHI, T. The Use of Color in Marketing: Colors and Their Physiological and Psychological Implications. **Berkeley Scientific Journal**, v. 17, n. 1, p. 1-4, 2012. Disponível em: <https://escholarship.org/uc/item/67v2q6g3>. Acesso em: 26 abr. 2022.

SIGNIFICADOS. **Significado da cor amarela**. Disponível em: <https://www.significados.com.br/cor-amarela>. Acesso em: 26 abr. 2022a.

SIGNIFICADOS. **Significado da cor branca**. Disponível em: <https://www.significados.com.br/cor-branca>. Acesso em: 26 abr. 2022b.

SIGNIFICADOS. **Significado da cor laranja**. Disponível em: <https://www.significados.com.br/cor-laranja>. Acesso em: 26 abr. 2022c.

SIGNIFICADOS. **Significado da cor preta**. Disponível em: <https://www.significados.com.br/cor-preta/>. Acesso em: 26 abr. 2022d.

SIGNIFICADOS. **Significado da cor verde**. Disponível em: <https://www.significados.com.br/cor-verde>. Acesso em: 26 abr. 2022e.

SIGNIFICADOS. **Significado da cor vermelha**. Disponível em: <https://www.significados.com.br/cor-vermelha>. Acesso em: 26 abr. 2022f.

SILVA, F. J. C. M. A materialidade da cor. **Art.textos**, Lisboa, n. 2, p. 135-145, 2006.

SILVEIRA, L. M. **Introdução à teoria da cor**. Curitiba: Ed. da UTFPR, 2015.

SKORINKO, J. L. et al. A Rose by Any Other Name: Color-Naming Influences on Decision Making. **Psychology & Marketing**, v. 23, n. 12, p. 975-993, 2006.

SÓ PORTUGUÊS. **Expressões com nomes de cores**. Disponível em: <https://www.soportugues.com.br/secoes/curiosidades/cores.php>. Acesso em: 26 abr. 2022.

SOUSA, J. B. O Sistema Braille 200 anos depois: apontamentos sobre sua longevidade na cultura. **Revista Benjamin Constant**, Rio de Janeiro, ano 20, p. 92-103, 2014.

SOUTHPAW GAMES. Disponível em: <https://southpaw.games/>. Acesso em: 10 ago. 2022.

SPÄTH, D. **Der psychologische und physiologische Effekt von "Cool Down Pink" auf das menschliche Verhalten**. Disponível em: <http://www.colormotion.ch/download/cool-down-pink/wissenschaftlicher-Kurzbericht-Cool-Down-Pink.pdf>. Acesso em: 26 abr. 2022.

STONE, N. J. Designing Effective Study Environments. **Journal of Environment Psychology**, v. 21, n. 2, p. 179-190, 2001.

SUPERHOT TEAM. Disponível em: <https://superhotgame.com/>. Acesso em: 10 ago. 2022.

SWANSON, B. My Life Not Knowing What Colors Look Like. **The Cut**, 22 fev. 2018. Disponível em: <https://www.thecut.com/2018/02/my-life-as-a-woman-with-colorblindness.html>. Acesso em: 26 abr. 2022.

TÊTE-À-TÊTE. **Significado das cores**: marrom. Disponível em: <https://oempregoeseu.com/2020/11/15/significado-das-cores-marrom/>. Acesso em: 26 abr. 2022.

VB COR DIGITAL. **Sínteses cromáticas**. 30 jan. 2011. Disponível em: <http://vbcordigital.blogspot.com/2011/01/sinteses-cromaticas.html>. Acesso em: 26 abr. 2022.

VIZI, K. **A origem química das cores**. Veszprém: Universidade de Veszprém, 1994.

VORM, R. **Improve Accessibility for Users Who Are Visually Impaired with These 9 Tips**. Disponível em: <https://fuzzymath.com/blog/improve-accessibility-for-visually-impaired-users/>. Acesso em: 26 abr. 2022.

W3C. **Web Content Acessibility Guidelines (WCAG) 2 Level AA Conformance**. Disponível em: <https://www.w3.org/WAI/WCAG2AA-Conformance.html>. Acesso em: 26 abr. 2022.

WALTERS, J.; APTER, M. J.; SVEBAK, S. Color Preference, Arousal, and the Theory of Psychological Reversals. **Motivation and Emotion**, n. 6, p. 193-215, 1982.

WESTFALL, R. S. **Never at Rest**: a Biography of Isaac Newton. New York: Cambridge University Press, 1980.

WHITFIELD, T. W. A.; WILTSHIRE, T. J. Color Psychology: a Critical Review. **Genetic, Social, and General Psychology Monographs**, v. 116, n. 4, p. 385-411, 1990.

WHO – World Health Organization. **Over 2.2 Billion People Are Blind or Visually Impaired, and the Numbers are Rising**: Here's Why. 9 Oct. 2019. Disponível em: <https://medium.com/who/over-2-2-billion-people-are-blind-or-visually-impaired-and-the-numbers-are-rising-heres-why-f0da6df0a191>. Acesso em: 26 abr. 2022.

WINEMAN, J. D. Color in Environment Design: Its Impact on Human Behavior. **Environment Design Research Association**, 1979.

WOHLFARTH, H. The Effect of Color-Psychodynamic Environmental Modification on Disciplinary Incidents in Elementary Schools Over One School Year: a Controlled Study. **International Journal of Biosocial Research**, v. 6, n. 1, p. 44-53, 1994.

ZEISS. **Como a visão em cores funciona?** E o que isso significa para as pessoas que usam óculos de sol? 16 out. 2017. Disponível em: <https://www.zeiss.com.br/vision-care/melhor-visao/compreendendo-a-visao/como-a-visao-em-cores-funciona.html>. Acesso em: 26 abr. 2022.

ZYLBERGLEJD, R. **A influência das cores nas decisões dos consumidores**. 103 f. Trabalho de Conclusão de Curso (Graduação em Engenharia) – Universidade Federal do Rio de Janeiro, Rio de Janeiro, 2017. Disponível em: <http://monografias.poli.ufrj.br/monografias/monopoli10023496.pdf>. Acesso em: 26 abr. 2022.

RESPOSTAS

CAPÍTULO 1

QUESTÕES PARA REVISÃO
1. *Verde de fome; vermelho de raiva; branco de medo; vida cor-de-rosa.*
2. Arte, química, fisiologia e psicologia.
3. d
4. e
5. b

CAPÍTULO 2

QUESTÕES PARA REVISÃO
1. A luz é uma onda eletromagnética que vibra em frequências e comprimentos variados, e as cores são percepções visuais provocadas pela ação de um feixe de fótons sobre células especializadas da retina.
2. A teoria da cromoterapia se embasa na ideia de que os órgãos, por serem formados por átomos, têm frequências vibratórias distintas entre si e, como estas geram cores, cada órgão que compõe o corpo humano apresenta uma cor particular, uma vez que tem constituição, textura e temperatura específicas. Assim, quando uma estrutura física adoece, altera seu ritmo molecular para maior ou menor velocidade, o que também muda sua cor natural. Desse modo, ao se aplicar a cor-luz original ao órgão doente, devolvem-se a ele as vibrações naturais de sua constituição, recompondo sua harmonia vibratória de forma natural e sem efeitos colaterais.
3. e
4. d
5. e

CAPÍTULO 3

QUESTÕES PARA REVISÃO
1. Vermelho, azul e amarelo.
2. Uma harmonia cromática expressa o equilíbrio dos elementos mais ativos da escala de tons.
3. c
4. d
5. c

CAPÍTULO 4

QUESTÕES PARA REVISÃO
1. É a associação das três cores primárias, as quais, quando misturadas harmoniosamente, geram a cor branca.
2. Ciano, magenta, amarelo e preto.
3. b
4. c
5. d

CAPÍTULO 5

QUESTÕES PARA REVISÃO
1. China.
2. *Offset*, litografia, digital, tela serigráfica.
3. e
4. a
5. e

CAPÍTULO 6

QUESTÕES PARA REVISÃO
1. Organizar e categorizar a informação, tornando-a positiva ou negativa.
2. A cor que não está ligada ao objeto.
3. b
4. e
5. b

CAPÍTULO 7

QUESTÕES PARA REVISÃO
1. Transporte, comércio, tecnologia da informação, negócios.
2. As cores eliminam a necessidade de apresentar informações em diversos idiomas e facilitam o entendimento.
3. a
4. b
5. c

CAPÍTULO 8

QUESTÕES PARA REVISÃO
1. Humor, emoções e comportamentos.
2. 85%.
3. a
4. b
5. d

CAPÍTULO 9

QUESTÕES PARA REVISÃO

1. Extensão do espaço, *layout*, dinâmica e estática.
2. 10%, ou seja, um em cada dez.
3. d
4. a
5. a

CAPÍTULO 10

QUESTÕES PARA REVISÃO

1. Cores associativas.
2. Paleta de cores.
3. a
4. d
5. b

SOBRE A AUTORA

Sandra Regina Marchi, nascida em Lages, Santa Catarina, atualmente mora e trabalha em Curitiba, Paraná, onde concluiu o doutorado em Engenharia Mecânica e o pós-doutorado em Design pela Universidade Federal do Paraná (UFPR). É mestre em Engenharia Mecânica também pela UFPR e graduada em Artes Plástica pela Universidade do Estado de Santa Catarina (UDESC). Ainda no âmbito acadêmico, integrou a Rede de Pesquisa e Desenvolvimento em Tecnologia Assistiva (RPDTA) e criou o método *See Color* – A Linguagem Tátil das Cores (patenteado – BR 30 2018 003494 5).

É artista plástica e professora de pintura há mais de 25 anos. Atualmente, trabalha e pesquisa nas seguintes áreas: tecnologia assistiva; acessibilidade da informação para pessoas com deficiência visual; linguagem tátil; inclusão; *design* universal; cor.

✷

Os livros direcionados ao campo do Design são diagramados com famílias tipográficas históricas. Neste volume foram utilizadas a **Garamond** – criada pelo editor francês Claude Garamond em 1530 e referência no desenho de fontes pelos próximos séculos – e a **Frutiger** – projetada em 1976 pelo suíço Adrian Frutiger para a sinalização do aeroporto Charles de Gaulle, em Paris.

Impressão:
Agosto/2022